皇国史観

片山杜秀

文春新書

1259

皇国史観◎目次

第一回　前期水戸学

「皇国史観」とは何か

本書では、「皇国史観」をキーワードに、講義形式で明治から現代まで、近代日本の歴史観、政治思想をみていきたいと思います。大変な大風呂敷で、うまく畳めますかどうかわかりませんが、お付き合いのほど、よろしくお願いいたします。

そもそも「皇国史観」とは何でしょうか？　私どもを含む戦後の教育を受けた世代にとっては、「非理性的でファナティックな歴史観」であり、「戦争の時代に国民を動員するための強引な仕掛け」といった印象が強いのではないでしょうか。平凡なやり方で恐縮ですが、辞書的な定義から確認しておきましょう。『広辞苑』を引いてみます。

〈国家神道に基づき、日本歴史を万世一系の現人神《あらひとがみ》である天皇が永遠に君臨する万邦無比の神国の歴史として描く歴史観。近世の国学などを基礎にして、十五年戦争期に正統的歴史観として支配的地位を占め、国民の統合・動員に大きな役割を演じた〉

確かにこの定義は大切なのですが、「近世の国学などを基礎にして、十五年戦争期に正統的歴史観として」というところは、ずいぶん派手に飛んでいると思いませんか。江戸時代から昭和に飛躍している。まさか昭和になって、いきなり江戸時代の国学が思い出されたのではないでしょう。儒学や国学があって、明治維新があり、そこで作られた国家の枠組みに「皇国史観」的なものがあって、昭和の戦争期に前にぐんと出てくる。そういうことでしょう。

それなので本書では、視界を「十五年戦争期」からもっと広げて、前提が整えられてゆく江戸期のことも確認しながら、明治以来、近代日本の大きな枠組みを作り上げているものとして「皇国史観」を考えてみたいと思います。

ここで念を押しておきたいのは、この「皇国史観」にせよ、そのベースとなっているとされている「国家神道」にせよ、特に江戸時代にルーツが求められるとはいえ、あくまで近代の産物だということです。明治以降、近代西洋的価値観が覇権を握る世界で日本なりの近代を創出し生き残りを図ろうとしていく中で、この国が選んだ国家の枠組みがまさに「天皇を中心とした国家」でした。それを思想として理論づける役割を担ったのが、本書で取り上げる「皇国史観」だと考えます。

なお、本書で取り上げる対象のなかには、広辞苑的な意味での「皇国史観」に批判的・否定的な立場を取るものも含まれます。「天皇を中心とした国家像」を料簡広く捉えようとすると、戦前・戦中の文部省の歴史教育など、話は狭義の「皇国史観」にやはり収まりますまい。天皇をどのように日本という国家のなかに位置付けるのかという問題は、まさに現在形でもあるのですから。「皇国史観」だけを論ずるのではなく、「皇国史観」のあとさきが見渡されなくては、改めてこういうお話を取り上げる意味が出て参りますまい。前史と後史まで、批判しているつもりの人たちまでを、大きな土俵に上げて、ひとつの筋を付けてみたいということです。

たとえば、平成から令和に代替わりする際の「天皇の退位」は、皇室典範による明治以来の規定を大胆に乗り越えた決断でしたでしょう。最後の講義では、この退位問題にまで言及したいと考えています。

御三家に生まれた尊皇思想

さて、具体的にはどこから話を始めましょうか。天皇と歴史をめぐる議論で厄介なのは、話がどこまでも遡《さかのぼ》れてしまうことです。たとえば女性天皇を論じるときに、あっという間に持統天皇などの古代の女帝が参照されたりします。しかし、古代と近代では、そもそも天皇のあり方自体、議論がさまざまに分かれるところです。あまりにもあっさりと時間を遡るのは、歴史を論じているようでいて、今と過去を地続きに捉える非歴史的な議論になりかねません。

といっても、繰り返しになりますが、明治時代にいきなり「皇国史観」が何もないところから発明されたわけではないのです。

江戸時代に遡らないと明治維新は分かりません。「皇国史観」の前提もその時代にあるのです。そこでまず念頭に置かれるべきは、山崎闇斎《あんさい》という儒学者のはじめた垂加神道《すいかしんとう》をはじめ、幾つかあるでしょうが、やはり生々しく明治維新に繋がる、江戸時代前半からの思想の系譜としては水戸学に触れなければなりません。

水戸学とは何か？　ごく簡単に申せば、江戸時代の水戸藩において藩の学問として育った学統であり、最大の特徴は、尊皇論、すなわち日本で最も偉いのは天皇である、という考え方です。これが幕末になると、尊皇に攘夷のメッセージが強く付け加わって、全国の志士に大きな影響を与え、ついには倒幕運動を呼び覚ますのは、歴史の授業などでも出てきたことと思います。こちらの水戸学は、一八〇〇年前後から、それ以前の水戸学を変容させて幕末につながって行ったということで、とくに後期水戸学と呼ばれます。

しかし、考えてみると、天皇を尊崇し、将軍の位を下げるかのような思想が水戸から育ったというのは、なかなか不思議な話です。そもそも水戸藩といえば、言うまでもなく徳川御三家のひとつ。そこから何故、「天皇が一番偉い＝将軍よりも偉い」という考え方が出てきたのか？ そして、水戸学自体が倒幕＝幕府否定ということでは必ずしもなかったはずにせよ、何故そうした歴史の流れを作り出すのに大きな役割を果たすに至ったのか？しかも水戸学は、朱子学、宋学から出てくるもので、つまりは儒学、儒教の一種なのです。主人に対する忠誠を重んじる儒教から、なぜ明治維新という一種の革命が生じるのか？実はここに明治維新、さらには明治国家を理解する鍵があるのです。

水戸藩の置かれた悲劇的立場

水戸学の誕生における最大のキーパーソンは、なんといっても第二代藩主・徳川光圀《みつくに》にほかなりません。そう、あの〝天下の副将軍〟水戸黄門です（実際には副将軍という役職は江戸幕府にはなかったのですが）。光圀は一六五七年、神武天皇以来百代の天皇についてまとめた紀伝体の歴史書『大日本史』の編纂《へんさん》に着手しますが、この編纂のなかで成立したのが前期水戸学なのです。

『大日本史』は、まさに「天皇を中心とした」歴史書です。そこで光圀が重視したのは、何が歴史において正統なのか、ということでした。後で詳しく論じますが、これには、儒教の影響が非常に大きかった。光圀は、清《しん》によって滅ぼされた明《みん》の遺臣、朱舜水《しゅしゅんすい》を藩儒として招き、厚遇しています。

もちろん、当時、日本の頂点に名実ともに立っていたのは江戸幕府にほかなりません。しかし、幕府のトップの征夷大将軍は天皇から任命されている。徳川将軍も天皇を奉《たてまつ》ってこそ将軍になれている。しかも天皇家は世界に他に例を見ない万世一系の家である。天皇が将軍よりも上ということを異常なまでに強調する思想。それが水戸学でした。

こうした将軍の権威をある意味で貶《おとし》めるような考え方を、なぜ水戸藩(=光圀)は抱くに至ったのでしょうか。その背景には、水戸藩の置かれた悲劇的なポジションがあった、と考えることができます。

俗に尾張、紀伊、水戸を称して、御三家といいますが、実は、尾張と紀伊に対して、水戸は格下として位置づけられていました。朝廷から儀礼的に与えられる官職も、尾張と紀伊の当主が大納言であるのに対して、水戸は中納言です。将軍家の継嗣《けいし》がいなくなった際も、徳川宗家の家督を相続する権利は、尾張と紀伊にはあるが水戸にはないと、定まっていました。

しかも、水戸家は位のみならず石高《こくだか》も尾張や紀伊より少なかった。所領は北関東の寒めのところで、土地も痩せておりましたから、実質的な石高は表向きよりさらに低いといってよい。それにもかかわらず、水戸家の当主だけは「定府《じょうふ》」といって、参勤交代はしなくていいけれども、基本的にはずっと江戸にいなければならなかったのです。許しがなければ水戸に帰ってもいけない。しかも、水戸にも江戸にも、常に藩士たちが詰めていなくてはならないので、普通の藩に比べて、石高に対する藩士の数が多くなってしまうのです。つまり人件費もかさむ。ただでさえ石高は御三家の中で最も少ないのですから、藩の財政は火の車でした。

しかし、「定府」として将軍を補佐する、という形にはなっていますが、実際には、幕府内での立ち位置も、はなはだ微妙なものでした。政治的な意思決定のシステムの中に、組み込まれていないのです。重要な意思決定は、老中たちの会議で行われてしまう。非常時にだって、大老が置かれてしまう。〝副将軍〟の出番はありません。

そもそも、なぜ水戸藩主だけ江戸に常駐しなければならないか、というと、いざというときには軍事的に将軍を守る役割を期待されたからです。ことに北の危機に対する備えが、水戸藩の任務でした。家康による支配体制が固まったとはいえ、東北には伊達政宗や、かつての豊臣家五大老の一人で、関ヶ原の戦いで西軍につき、出羽《でわ》に転封された上杉景勝といったクセ者がそろっています。彼らを牽制《けんせい》する地政学的なポジションが、まさに水戸藩だったのです（この水戸藩の北への強い危機感は、後期水戸学の起爆剤となります。詳しくは後述）。そのリスクへの備え、心理的負担も、水戸藩に重くのしかかってきます。

なぜ、自分たちはこんなひどい目に遭うのか。見合った遇され方をどうもしていない。それでも将軍家への犠牲的精神を発揮し続けねばならない水戸藩の精神というかエートスのありようとは、いったいどこから生じてくると考えれば、納得が行くのか——。ここに前期水戸学の発生理由があったのです。

そこで普通に思いつかれるのは血縁の論理でしょう。将軍家と水戸家は同じ徳川だ。家康公の子孫だ。だが、これは弱いといえば弱い。そんな縁は時間が経てば遠くなります。しかも江戸幕府の権力は、織田や豊臣と競合し、ついに勝ち残ったという事実に基づくものでしょう。覇道をゆき、覇王として地位を占めた。力ずくであった。力が強いというのは相対的な話でしょう。いったん覇王になっても、それはかりそめ。いつまで続くか分からない。その意味で儚《はかな》さを持つ。儚い上に、血縁もやがては遠くなってゆく将軍家のために、痩せた土地で英気を養い、いざというときは江戸防衛の前線に立って将軍家と共にせよと言われても、心底から納得できるだろうか。

そこから水戸学の思考が回り出す。無理をさせられ、我慢をさせられるための理由は、もっと神聖で永遠性を帯びていて、なるほど身命を賭せるというものでなければならない。そうだ、日本には、将軍よりももっと正統な存在がいるではないか。万世一系の天皇だ。その天皇から実際の政治を任されているのが征夷大将軍と考えればいい。その征夷大将軍の秩序を守るために、〝副将軍〟である水戸藩主、そして水戸藩がいる。儒教的世界観では、覆《くつがえ》されておらず、ずっと続いているということは、それだけ高い徳を持っている証《あかし》であり、たとえば異民族などによる王朝交代が絶えない中国などよりも、日本は、天皇が続いているがゆえに世界の文明の頂点に立つ特別な国なのだと信ずることができる。その天皇を守る。永遠の天皇が居て、天皇に権力を信託されることで、刹那的存在を脱して存在の正統性を主張できる将軍が居て、将軍を守ることが即ち天皇を守ることであると信じて献身する副将軍が居る。そう考えられれば、水戸家はどんな理不尽にも耐えられる。天皇―将軍―副将軍の秩序に、尊き永遠性を認められる――というのが水戸藩の存立の意味の哲学を与える水戸学の核心なわけです。

天皇を将軍の上位に置き、将軍家と水戸家は一体となって、その永続的な秩序を守ることが運命づけられている。これが前期水戸学の「皇国」像であり、覇道の将軍よりも王道の天皇を尊ぶ「尊皇」思想なのです。

この「皇国性」を理念や理想や哲学ではなく、歴史的事実として論証しようとしたのが、光圀が編纂の開始を命じた『大日本史』だったといえます。天皇は絶対的正義を体現してきたから、今までずっと続いており、それだから今後もずっと続くと信ずることができる。天皇の正義の具現史として日本史は描ける。理屈ではなく事実である。この歴史観を実証する作業として水戸藩のミッションになったのが、『大日本史』編纂という大事業でした。『大日本史』においては、「〜でなければならぬ」というロジックは要《い》りません。いわば、歴史即正義。日本の歴史の客観的事実を代々の天皇に即して並べてゆくだけで、正義を裏切らなかったからこそ万世一系の国として続く日本の真実が見えてくる。それが『大日本史』なのです。もっともただでさえ貧しい水戸藩は、『大日本史』という巨大プロジェクトのために、学者をたくさん抱えて、ますます財政が苦しくなってしまうのですが。

『大日本史』と南北朝問題

この『大日本史』が、正式に完成したのは何と一九〇六（明治三十九）年。徳川幕府も水戸藩も無くなって、さらに日露戦争まで済んだあとでした。二百五十年近くかけた大事業になってしまったのです。でも実は、一六八三年ごろには、実質的にはほぼ完成していました。それではなぜ編纂終了、めでたしめでたしにならなかったのか。整理をつけにくい歴史上の事実が残ってしまったからです。南北朝並立時代をどう扱うかです。

南朝と北朝、どちらが正統の天皇なのか。これについては徳川光圀本人が答えを決めていました。南朝正統論です。たとえ南朝が戦《いくさ》では敗れていても、南朝への忠義を貫いた楠木正成《まさしげ》のような存在こそ、水戸の精神を鼓舞するものでした。楠木勢のように、水戸藩も、いざというときは、天皇と将軍を守って、永遠を守護するために滅びなければならない。倒錯的なヒロイズムです。

徳川光圀が楠木正成びいきになったのには、江戸初期に『太平記』のブームがあったことがとても大きい。『太平記』は楠木正成や新田義貞を美しく描いています。光圀もすっかり心情移入してしまいました。しかし、『太平記』は南朝正統論の書物ではありません。当然、正統は勝者である北朝で、南朝の後醍醐天皇は自らの悪政によって徳を失い、日本に乱世をもたらしたよろしくない天皇という視点で書かれています。しかし、孔子の教えとしては、どんなによくない皇帝や王がいたとしても、それに仕える者は裏切って弓をひいてはいけないのです。それが儒教の説く忠義です。

その観点からいうと、後醍醐天皇は正しくなく、北朝の天皇の方がよりまともであるとしても、後醍醐天皇が正しくないからといって反旗を翻《ひるがえ》した足利尊氏に正義はなく、楠木正成や新田義貞は正しい、という、ねじれた理屈になるのです。天皇や将軍に従う身で、天皇の永遠に懸ける徳川光圀としては、裏切らない楠木、新田が絶対に偉い。臣として筋が通っているのは楠木や新田で、水戸家のポジションも彼らに重なる。そこに軍記物語を読む、ひとつの法悦境がある。

しかし、一方で、南北朝合一後、江戸時代へと、そして二十一世紀へと続いて今に至る天皇の血筋は北朝です。北朝を否定すると、江戸時代の天皇も認められないということになりかねず、江戸時代において天皇―将軍―副将軍という秩序を守ることが正義だという論理も足もとから崩れてきてしまうでしょう。そこで『大日本史』が援用したのが、北畠《きたばたけ》親房《ちかふさ》の『神皇正統記《じんのうしょうとうき》』でした。南朝側で戦う北畠親房が南朝こそ正統というとき根拠に挙げたのが、三種の神器です。京都を追われ、吉野に逃げていた南朝ですが、三種の神器を保有している。

親房は後醍醐天皇の仕方に天下大乱の原点があったことはよく認識していました。けれども、南朝方の公家として、どうしても南朝の方が正しいと言わねばならない。ところが事実によってどちらに正義があるかを言おうとすると、旗色が悪くなる。そこで即物主義に頼りました。南朝の正統性は、ただただ吉野で、天孫降臨の際に天照大神《あまてらすおおみかみ》から賜った三種の神器を守っているとの一点にある。そういうことにしたのです。もちろん、三種の神器は単なる呪物ということではない、北畠親房においてすでに、神器は儒教の徳を象徴するものでした。鏡は素直で私心のないことを、玉は和を、剣は正しい知恵を表わす。それらを持っていると、たとえば後醍醐天皇の悪政も相殺《そうさい》されるのです。

そこで『大日本史』は、『神皇正統記』のあとをうけて、そのつづきをやるかのようなアクロバティックな議論を展開します。三種の神器は、南朝の後亀山天皇から北朝の後小松天皇に渡され、南北朝合一が果たされた。血筋でなく、三種の神器の所有者によって天皇の正統性が担保されるとすれば、今の天皇が北朝系だから北朝がずっと正しいという筋書きは成り立たない。南北朝のあるうちは、三種の神器を持っていた南朝が正しく、合一後は、三種の神器の移動に伴い、北朝に正統が移っている。そう解釈するのです。苦しいロジックであるかもしれませんが、楠木正成が南朝に殉《じゅん》じる究極の忠義の姿に、水戸家のありようを重ねたい徳川光圀の美学と、いまある皇室への尊敬を両立させようとすると、それしかなかったのでしょう。

そして、この南北朝のどちらが正統かという問題は、天皇を軸として歴史を考えるうえで、その後も常に大きなテーマであり続けます。これについてはのちにまた触れるとしましょう。

朱子学を導入した家康

このように、水戸学は、それを成り立たせたもともとの独特なモティヴェーションゆえに、無理に無理を重ねて行く性質を持った思想であることは確かです。そもそも江戸幕府を成立させたのは、天皇の権威ではなく、あくまでも徳川家康の実力によるものです。関ヶ原の戦い、大坂冬の陣、夏の陣で、豊臣政権を軍事力で潰すことによって、全国の武士たちにその力を見せつけたからにほかなりません。朝廷は関係ない。「天皇に任命されたから、家康は将軍になれた」わけではなく、「家康が天下を支配し、天皇はその地位を家康に保全してもらった」というのが実態でした。では、なぜ、水戸学は幕府によって否定されることもなく、のちに幕府を潰す力にさえなったのでしょうか。

私は、その遠因をつくったのは、徳川家康その人だったと考えています。

家康はその実力によって、政権を樹立しました。しかし、力によって築いた権力は、力によって滅ぼされる可能性があります。徳川幕府は日本最強勢力ではありますが、すべての力を独占する中央集権的な権力ではありませんでした。各藩がそれぞれ軍事力も経済力も保有する分権的な体制だったのです。

そこで家康が、幕府体制の永続化のために導入したのが、儒教思想、それも秩序の保持を重視する朱子学だったのです。

儒教において、皇帝＝天子とは天の徳を体現する存在です。天の徳が地上に実現することによって、王朝が成立し、正統性が保たれる。朱子学は、今ある秩序の中に、真理は宿っている、という面を強調しました。だから、その秩序は尊重されて然るべきである。目の前の秩序を、よく究めて、それを守っていくということが大切であるという、保守主義的な面を、家康は好都合と思って、武家政権とセットになるイデオロギーを仏教から儒教へと、とりかえたのです。

今ある秩序を永続的に守っていく、ということは、それぞれの藩で藩主の支配をずっと続けていくということになります。家の安泰＝江戸幕府の永続化であり、各大名が将軍に忠誠を誓うということは、家臣たち、領民たちの藩主への忠誠を保証することになります。それは真理であり、道徳的にも正義である。これが家康の導入した「幕府を頂点とする儒教的秩序」だったのです。家康は朱子学を学んだ林羅山を早くからブレーンとして登用します。羅山は家綱までの四代の将軍に仕え、江戸幕府の基礎固めに貢献するのです。

さらに家康が体制固めのために援用したのが、天皇でした。天皇から征夷大将軍に任命され、さらにその位を息子の秀忠に継がせることで、家康の死後も持続可能な権力移譲システムを作り上げた。徳川家のむき出しの実力による支配を、天皇というクッションでくるんだ、といったらよいでしょうか。

ところが、この秩序のなかに、江戸幕府を転覆させる（二百五十年以上のちの話になりますが）落とし穴が潜んでいたのです。

それは天の徳を体現しているのは誰か、という問題です。

儒教の本場、中国ではしばしば王朝交代が起こりました。もし皇帝が天の徳を体現しているのであれば、なぜ王朝が滅びるのか。それに対し、儒教の答えは明快です。皇帝＝王朝が徳を失い、大義が果たせなくなれば、その王朝は滅び、新たに徳を体現する王朝に交代する。これが「易姓革命」です。

この場合の「徳」とはあくまでも倫理・道徳的な価値なので、強いか弱いかとは別の次元の話です。すると、儒教によって日本史を解釈し直すとどうなるのか。天皇という存在は、中国のように易姓革命で王朝が交代せず、古来、ずっと途切れることなく継承されています。それは、現時点で、徳川幕府のほうが実力がある、ということとは別に、儒教的な正統性を有している、ということになります。儒教の倫理・道徳から見れば、天皇は将軍よりも値打ちがあるものになってしまうのです。

儒教道徳と天皇による権威付けは、もともと徳川幕府の秩序を永続化するためのロジックだったはずです。しかし、そこには、幕府権力を相対化してしまう種子が隠されていたのです。その部分を水戸家独自のシチュエーションもあって、鋭く抉《えぐ》ってしまったのが、水戸学にほかならないのでしょう。

この種子が、水戸学という異端思想を生み出すだけでなく、幕府の核心的な内側の部分からも実際に芽を吹いてくるのは、江戸時代も後期のことです。

家康は将軍の位を天皇から授かりますが、自らの権力の根拠が朝廷にあるなどとは考えもしませんでした。しかし、十八世紀も終わる頃の老中、松平定信になると、将軍は天皇から預かって日本を統治している、という大政委任論を唱えるようになります。幕閣からもそんな議論が出てくる。それはつまり、覇道を貫き実力で圧倒し続けようとすれば、いつかどこかでもたなくなり、相対化していかざるを得ない幕府権力の宿命が、ついに露呈しはじめたということでもあるでしょう。この大政委任論の延長に、水戸徳川家出身でありながら、本来、水戸の血筋ではなれぬはずの将軍に、一橋家に養子に行ったせいでなれてしまった徳川慶喜《よしのぶ》のおこなった大政奉還があるわけです。

「公儀」といえば言うまでもなく幕府を指していたのに、幕末に「公武合体」が議論されるころには、「公」は朝廷を意味するようになっている。「公」の字の担い手が江戸から京都へ移動する。それ即ち、幕府の覇道の衰退です。

綱吉と京都と忠臣蔵

ずいぶん話を先に進めてしまいました。徳川光圀の時代に戻りましょう。この時期、徳川幕府はある意味で転機を迎えていました。第四代将軍・徳川家綱に跡継ぎとなる子がいなかったのです。そこで館林《たてばやし》藩主だった家光の子の松平綱吉を養子とし、一六八〇年、家綱の死後、第五代将軍にすえました。将軍家直系による世襲はここで崩れたのです。このとき、宮家から養子をもらって将軍にしようとしたという説もありますが、実現していれば、三代で源家の将軍が絶え、北条家の天下となった鎌倉幕府のようになっていたかもしれません。

興味深いのが、将軍となった綱吉が力を入れたのが儒教の奨励と、朝廷への接近だったことです。有名なのは、のちに幕府の学問所となる湯島聖堂を建立したことですが、自ら四書五経を幕臣に講義するなどの熱の入れようです。もっとも水戸の光圀からすれば、こちらには本場中国から朱舜水を呼んでいるぞ、小石川の後楽園には、朱先生の監修で、本格的な中国式庭園も造らせている、どうだ、参ったか、ということになります。徳川将軍家お抱えの林家の朱子学に、どっちが本物かという、いわば思想戦を挑んでいる。朱舜水にしてみれば、母国の中国では清という異民族の王朝が出来てしまって、儒教の伝統はいったん絶えたという思いがあるわけです。漢民族もみな満州族になびいて、髪型まで辮髪《べんぱつ》にしてしまっている。自民族の裏切りと滅亡を目の当たりにしてしまった。だから日本に、中国にかわって儒教の正統を引き継がせたいという意識があったのです。

話を綱吉に戻すと、彼がもうひとつ力を入れたのは、皇室の保護なのです。皇室領を三万石に加増し、天皇陵の修復を行わせたりもしています。私は綱吉（と、その側近として幕政を牛耳《ぎゅうじ》った柳沢吉保）の狙いは、朝廷が握っている京都文化を取り込むことにあったと思います。その象徴が、柳沢が造営し、綱吉がよく足を運んだ庭園「六義園《りくぎえん》」ですが、左大臣・鷹司教平《たかつかさのりひら》の娘を正室に迎えたため、京都から大奥に多くの女性がやってきたことも大きい。京都の文化を江戸にコピーすることで、朝廷のソフトパワーを、政権の安定につなげようとしたのではないか。

将軍家直系ではなく、館林から呼ばれて棚ボタ的に将軍となった綱吉は、自らの権力基盤の弱さ、正統性の不安定さを意識せざるを得なかった。そのために、儒教と天皇によって、その権威を補強しようとしたのでしょう。

こうした綱吉の京都シフトが、思わぬところであらわれてしまった有名な事件がありますね。そう、「忠臣蔵」で名高い赤穂《あこう》事件です。あの事件の発端を思い出してください。朝廷からの勅使を迎えるのにあたって、勅使の御馳走人を任じられた浅野内匠頭《たくみのかみ》が、江戸城内で吉良上野介《きらこうずけのすけ》に斬りかかります。吉良は朝廷とのやりとりを担当する高家（儀式や典礼を司《つかさど》る旗本）肝煎《きもいり》でした。これに対し、綱吉はただちに浅野に切腹を命じてしまうのですが、冷静に考えてみれば、もっとゆっくり吟味してもいいはずだし、旗本と大名の私闘として喧嘩両成敗もありえた。それを即座に大名を切腹させてしまったのだから、綱吉の過剰反応という面は否《いな》めません。その過剰反応の理由は、ことが朝廷に関わっていたからでしょう。勅使に対して畏《おそ》れ多い――つまりは天皇に対して畏れ多いというわけです。朝廷からの勅使を斬りつけたわけでもないのに。京都のソフトパワーを利用しようとしながら、京都に対する立場を弱くしてしまう。そんな綱吉の姿勢が、ここに見て取れるのではないでしょうか。

さらに興味深いのは、「忠臣蔵」がまさに儒教道徳の根幹である忠をテーマにしたドラマであることです。主君（浅野）への忠誠が上か、裁きを下した幕府（綱吉）への忠誠が上か、あるいは喧嘩両成敗という武士の倫理が上か。その忠誠の軸が多元化し、動揺していることをあらわしているともいえる。

その綱吉の生類憐《しょうるいあわれ》みの令に対し、光圀が犬の毛皮を送って抗議したという有名なエピソードがありますね。前期水戸学と綱吉の治世と「忠臣蔵」が重なり合っているところに歴史の暗合を感じます。

ちなみに、綱吉の正統性の不安定さに触れましたが、実は、徳川光圀も同じような問題を抱えていたのです。もともと光圀は、父・頼房の三男でした。しかし、頼重という長男がいたにもかかわらず、光圀が跡継ぎに決められたのです。兄は松平頼重として高松十二万石の殿様になったのですが、光圀としては兄から国を奪ったという負い目をずっと感じていた。そこで、実子がいるにもかかわらず、わざわざ兄の子を自分の養子に迎えて、水戸家の家督を継がせるというアクロバティックな継承をおこなったのです。光圀の子は、兄の養子として高松藩主となりました。自分の置かれた立場が、儒教的な道徳にかなっていないという思いが強かったのでしょう。光圀が正統性に過激にこだわった遠因は、この出自の問題にあったのかもしれません。

このように考えると、水戸学というものは、水戸藩の置かれた特殊な条件、さらには徳川光圀という個人のユニークなパーソナリティによって生まれた、ともいえるでしょう。

その意味では、かなり特異な思想であったことは間違いない。その水戸学がなぜ明治維新を準備する思想となったのか。それについては次回に論じるとしましょう。

第二回　後期水戸学

脅威はロシアからやってきた

前回の講義では、徳川御三家の水戸藩が、将軍よりも天皇が上、いやいや、そんな国内的レベルにとどまらず、天皇は易姓革命を超越した永遠の存在だから、中国の歴代皇帝はもとより世界でいちばん偉いという尊皇思想に基づき、それを歴史において立証する『大日本史』の編纂に取り組んだことをお話ししました。しかし、この水戸学は江戸時代の長いあいだ、水戸藩で生まれ育った儒学の変種のひとつといったくらいの位置づけだったと思います。そんなに立派なものでも、影響力のある思想でもなかった。ローカルであった。そう言ってしまってもよいでしょう。

しかし、その異端だった水戸学が、幕末に至るや、尊皇攘夷の思想的総本山として、全国に広がり、やがて倒幕運動をリードする思想となるのです。なぜ、後期水戸学は時代を動かしたのか。

そのキーワードは「攘夷」です。後期水戸学が世に大きな影響を与えることとなった最大の要因は、外国からやってきた脅威でした。その脅威をはねかえそうとする「攘夷」が

「尊皇」と結びつき、ついには徳川幕府を倒すことになったのです。

幕末における海外からの脅威といえば、誰もが最初に思い浮かべるのは、黒船来航でしょう。一八五三年、マシュー・ペリー率いるアメリカの艦船四隻が江戸湾に来航、開国を迫ります。翌年、再びやってきたアメリカとの間に、日米和親条約が結ばれる。ここに至る幕府の対応が引き金となり、日本をひっくり返すほどの混乱が始まりますが、それはのちに述べるとしましょう。

しかし、日本に最初の脅威を与えたのはアメリカではありません。それは北から来ました。黒船来航から遡ること六十年、一七九二年にロシアのエカテリーナ号が根室に入港したのです。

これは伊勢から船で江戸に向かうはずだった商人、大黒屋光太夫一行が暴風に遭い、一七八三年にアリューシャン列島に漂着したことに始まります。光太夫はさまざまな苦難を経て、サンクトペテルブルクでエカテリーナ二世に拝謁、九年のロシア生活の末に、日本に帰されることになりました。この顚末は、井上靖が長編小説『おろしや国酔夢譚』で描き、映画にもなっています。

このときロシアは光太夫たち漂流民を送り返すとともに、アダム・ラクスマンを使節に送り日本との通商を始めたいという意図を持っていました。江戸での通商交渉を求めたラクスマンに対し、時の老中、松平定信はロシア側の国書を受理せず、翌年、ラクスマン一行は帰国の途につきます。その後もロシアは、一八〇四年には通商交渉を始めるためにニコライ・レザノフを派遣しますが、長崎で待たされた挙句の果てに、幕府の拒否に遭います。レザノフは武力による開国しかないと考え、一八〇六年から翌年にかけて、部下に命じて樺太《からふと》や択捉《えとろふ》を襲撃しました。一八一一年には千島列島の測量を命じられた海軍軍人ヴァシーリー・ゴローニンが国後島《くなしり》で幕府役人に捕まり、幽閉されるゴローニン事件も起きています。

さらに遡れば、一七七一年にはカムチャッカ半島に流刑されていたロシアの囚人たちが脱走し、徳島、高知を経て奄美大島に上陸するという事件もありました。そのとき囚人の一人が長崎のオランダ商館長に宛てた手紙で、ロシアが松前を占領しようとしているという架空の計画を記しています。やがてこの風聞が広がり、工藤平助や林子平が国防論を書くきっかけともなったのです。

このように、まず江戸後期の日本に大きなインパクトを与え、国防への意識を刺激したのはロシアだったのです。

それに敏感に反応したのが水戸藩でした。一七九三年、水戸学者で医家でもある木村謙次に松前調査の密命を与え、『北行日録』という報告書を提出させ、江戸では大黒屋光太夫に関連する情報を収集させました。木村は一七九八年、近藤重蔵の蝦夷地《えぞち》探検にも医師・下野源助を名乗って同行します。

さらに水戸藩は、樺太を探検し、間宮海峡を発見した幕府隠密の間宮林蔵と連絡を取ったり、やはり蝦夷地探検で名を馳せ、北海道の命名者ともされる松浦武四郎を支援したり、と蝦夷地のスペシャリストたちと深い関係を築いていました。

なぜ、ここまで水戸藩が蝦夷地に深い関心を寄せたのでしょうか。前回もお話ししたように、水戸藩の立藩当初からの任務は江戸を守るための北への備えです。さらには長い海岸線を持つ水戸藩にとって、海防、海からやってくる脅威はリアルなものだったのです。

会沢正志斎の『新論』

脅威は北からやってくる。海の向こうからやってくる。これにどう対処するか。これを水戸学の立場から理論化したのが、会沢正志斎《せいしさい》です。会沢の書いた『新論』は、後期水戸学を代表する著作であり、のちの吉田松陰にも強い影響を与えます。尊皇攘夷を唱える志士たちの理論的支柱となったといえるでしょう。

水戸学が前期から後期へはっきり切り替わっていくときの中心人物、藤田幽谷《ゆうこく》（藤田東湖の父）に早くから学び、『大日本史』の編纂にも携わっていた会沢は、ラクスマン来航に刺激を受け、入手できる書物などからロシアの国情を調べた『千島異聞』を書いています。その会沢が、外国からの脅威に直面する事件が起こります。一八二四年の大津浜事件です。

もっとも事件自体は、イギリスの捕鯨船の船員が水や野菜を求めて、水戸藩領の大津浜に上陸した、というだけのものです。しかし、オランダのみに、長崎だけで許してきた西洋人の上陸を、江戸も遠くない関東の浜辺でやすやすと許してしまったのですから、水戸藩も幕府も強い衝撃を受けました。国防を考えるとき、致命的ともいえる事態につながりかねない。もし侵略の意図を持った外国勢力がやってきたとしたら、日本の長い海岸線をどうやって守ればいいのか。さらに実は沿岸の漁民が外国船に親しみや憧れを持ってきているとも報告されていました。つまり洋上でさまざまなコンタクトが起きていた。だから、イギリスの捕鯨船員も気やすくボートで大津浜に上がってきて、たまたま代官に見つかったから騒ぎになったのです。要するに事件は氷山の一角ではないかということでした。そういうことを調べていたのはたとえば隠密の間宮林蔵です。そんな危機意識から、幕府は、翌一八二五年に異国船打払令を出すわけです。

会沢はこの大津浜事件で、捕鯨船員を筆談によって尋問しています。何しろ水戸藩に当時、英語の分かる人材はいなかったのですから、意思疎通はかなり不十分だったと言わざるを得ないけれども、このときの報告書として、イギリスの捕鯨船は捕鯨を方便に日本侵略の下調べをしているという立場から『諳夷問答《あんい》』にまとめています。特にこの件に触発され、西洋列強の脅威にいかに立ち向かえるかと、会沢は七転八倒し、一八二五年に『新論』を書き上げるのです。

『新論』は「国体」、「形勢（国際情勢）」、「守禦」などの章からなりますが、そこに書かれているのは、まさに「尊皇」と「攘夷」です。まず「国体」の章で、会沢は、日本は天照大神の子孫が君臨し続けている万世一系、世界唯一の国柄を持つと説きます。そして祭政一致こそ皇国の真の姿であるけれど、「時勢の変」と「邪説の害」がそれを歪《ゆが》めている、と論じます。

「時勢の変」とは簡単にいえば天皇中心の世を乱すものです。荘園を広げ、利益を私する公家や、鎌倉幕府、明に対し「臣」と称した足利義満などが批判されていますが、家康は忠孝に基礎を置いて泰平を実現したと高く評価しています。「邪説の害」とは主として仏教、そして耶蘇《やそ》教（キリスト教）。外来の宗教が民心を乱すものとされている。民心に守るべき中心がなければ、外敵につけこまれる、というのが会沢の議論で、その「守るべき中心」こそ天皇であることは言うまでもありません。

「守禦」はまさに国防です。士風を整え、兵力を増強し、海軍を整備し、鉄砲、大砲などの兵器を作り、これに熟練することなどを挙げています。会沢に先んじるもろもろの海防論をかなりなぞってはいるわけですけれど、武士が江戸をはじめとする城下町に集まっているのはよろしくない、守備を分散すべきであり、武士は屯田兵《とんでんへい》になれというところに会沢のかなり独自な力点があったりします。かつては開港地の長崎だけ厚く警護をしていれば事足りたが、今では西洋の造船術や航海術が進み、しかも侵略的意図までが看取される時代になったのだから、日本の沿岸はどこでも外国船がやってきうると思って、全国の海岸線を満遍なく警護することが必要であり、水際防衛の強化とは海岸に武士が常駐することと以外にないという話をするのです。

「尊皇攘夷の主唱者」というとファナティックな、狂信的なナショナリストをイメージされるかもしれませんが、会沢の議論は国防論としては、決して観念的でなく世界の現実に即してリアルです。のちに会沢は即時に海外勢力を追い払うことは不可能であるという認識に達し、最晩年の一八六二年には、水戸藩主、徳川慶篤《よしあつ》（慶喜の兄）への内々の建白書として『時務策』をしたためました。そこではいったん方便で開国し、富国強兵を為した後、またよろしき時に改めて攘夷すればよいと説いています。

吉田松陰への影響

この会沢正志斎の『新論』を読んで、大きな影響を受けたのが吉田松陰でした。私は松陰の本質は兵学軍事理論にあったと思います。若くして長州藩の兵学師範を務めた松陰は、水戸藩同様、長い海岸線を持つ長州藩の防御をまず考えた。

すると、第一に兵力が絶対的に不足していることに気づきます。会沢も述べているように、文字通り津々浦々、どこからでも外国船は入り込める。武士だけでは、海岸防衛は不可能なのです。そこから奇兵隊のような民兵組織という発想が生まれてくる。さらにいえば、士族を解体して、国民皆兵の軍隊をつくるという明治政府のプランは、この延長上にあるのです。

第二に問題となってくるのが幕藩体制です。海外から侵入してきた勢力に対して、実際に兵を動かして立ち向かうのは、実は幕府ではありません。まずはそれぞれの藩が対応しなければならない。小藩であれば兵力も乏しく、たやすく侵略を許してしまうでしょう。これでは日本は守れない。国防のためには全国単位の軍隊を持つ中央集権型の国家がどうしても必要になる、そう松陰は考えたのです。

では、藩を解体した後の中央集権国家の中心となるのは何か？　藩の解体は、幕府の解体でもあります。日本すべてがまとまる中心は、天皇しかない――。私は、松陰の「尊皇」は儒教イデオロギーもさることながら、究極には軍事合理性によって説明できると考えています。

問題児徳川斉昭

後期水戸学のインパクトは単なる学問、理論のレベルにはとどまりませんでした。現実の政治をも大きく動かす力となっていきます。そのキーパーソンとなったのが第九代水戸藩主、徳川斉昭《なりあき》でした。

この斉昭の幼いころ、侍読《じどく》（君主の教師）を務めたのがほかならぬ会沢正志斎。父の治紀《はるとし》からは「朝廷と幕府が戦ったとき、朝廷に弓を引くな」と教わったという逸話が伝えられているくらいで、骨の髄まで水戸学を叩き込まれた殿様だったといえるでしょう。

斉昭はさまざまな藩政改革を手掛け、名君と称されますが、同時に徳川家きっての問題児でもありました。お家騒動が絶えないばかりか、勝手に軍艦や大砲を建造しようとして、謀反の疑いありということで、幕府から隠居、謹慎を命じられたほどです。水戸学の教えにのっとって、仏教嫌い。寺院の鐘を潰して、大砲を作ったりもしました。廃仏毀釈《はいぶつきしやく》の先駆者でもあったわけです。

しかし、この斉昭の行動の根幹には国防意識があったことは間違いありません。たとえば、斉昭は蝦夷地に強い関心を示し続けます。実現には至りませんでしたが、幕府に何度も蝦夷地開拓の許可を願い出て、自らも蝦夷地に渡るつもりで細かな開発計画まで練り上げていました。これは対露防衛の先頭に立ちたいということもありますが、蝦夷地を開拓して軍事費を用立てたかったのが大きい。殖産興業、富国強兵のポイントに蝦夷地を考えたのです。幕府はというと、斉昭の願いを認めぬどころか、そんなに蝦夷地に執着するとは、蝦夷を拠点に謀反でも企んでいるのではないかと恐れ、斉昭が隠居させられるときの大きな理由の一つにもされてしまうのですが。

でも斉昭は政治の表舞台に隠居の身でありながら返り咲いてゆきます。幕末の不穏な空気の中、堂々と攘夷を唱える論客として、幕政に参画するようになります。

そのきっかけは、むろんペリー来航です。時の幕政の中心人物は老中首座の阿部正弘。アメリカとの困難な外交をなんとか舵とりしたとして、高い評価もある阿部ですが、実は斉昭の強い影響下にあったのです。二人の間で交わされた膨大な書簡が今に残されています。この阿部の推挙で、斉昭はペリー来航後、幕府の海防掛参与に任じられます。

旧来の、林羅山以来の、将軍こそ日本の王であり大君であるという政治思想的立場からみた場合、阿部は前代未聞のミスを犯しました。それはアメリカが要求する開国について、朝廷に意見を求めたことです。外交をはじめ統治に関わることは幕府の専権事項です。大きな危機の際には、大老による緊急独裁が幕政の常道。朝廷の声を聞くなどという発想は出てきようもなかったはずでした。それなのにお伺いを立ててしまった。

この阿部の判断に、大きな影響を与えたのが斉昭でした。朝廷と意思統一をはかり、国論を統一して国難に立ち向かうべきだという持論を、斉昭はずっと阿部に吹き込んでいたのです。つまり将軍よりも天皇が偉いという水戸学のフィクショナルなイデオロギーが、現実の幕府を揺り動かしてしまったのです。

しかも、孝明天皇から出たのは「開国などもってのほか」という強硬な攘夷論でした。これによって幕府は対米交渉において手詰まりに陥ったばかりか、「朝廷がノーといったら、幕府はそれに逆らうことができない」という構図を、天下に示す結果になってしまったのです。

こうした状況に危機感を抱き、幕府政治の本道に戻そうとしたのが、大老に就任した井伊《い》直弼《なおすけ》でした。井伊も朝廷の許可を求めましたが、結局は、幕府独断で日米修好通商条約を結ぶことになります。そして、それに反発する斉昭らに謹慎などの処分を行い、吉田松陰ら〝過激派〟の志士たちを安政の大獄で粛清します。井伊からしてみますと、本来、幕府が下すべき決断に、天皇の声をよりどころにして、大老でも老中でもない大名や、ましてや下級藩士や脱藩者の志士たちが介入することなど、あってはならないことだったのです。

しかし、こうした一連の締め付けに激昂した水戸・薩摩の脱藩者により、一八六〇年、井伊は暗殺されてしまいます。世に名高い桜田門外の変です。このあと、幕府は朝廷をないがしろにした政治をもうできなくなりました。二・二六事件の後、政治家や財閥や官僚がテロを恐れて軍人の声に耳を傾けるようになったのと、ちょっと似ています。大老暗殺に関与しているのではないかということになっても、水戸藩や薩摩藩が咎《とが》められるわけでもない。桜田門外の変によって、天皇こそ最高位という水戸学的秩序観が俄然勢いを増したといってもよいでしょう。「将軍ファースト」という江戸時代の基本構造に、そこで終止符が打たれたのです。

儒教のタテ国学のヨコ

前期水戸学から後期水戸学へ。その最大のターニングポイントは「国防」にあった、と述べてまいりました。「尊皇」から「尊皇攘夷」へ。水戸のかなりローカルな発想ともいえるものが、時代とスパークして、ウイルスの突然変異の如く、全国を席捲する感染力の強い思想に変貌したのです。

もうひとつ、前期と後期では、思想史上、大きな変化がみられます。それは「天皇の絶対化」でした。

前期水戸学は、基本的に儒教の枠組みにのっとっています。儒教における君主論のキーワードは「徳」です。君主は徳を体現する存在であり、君徳が衰えると世は乱れる。逆にいえば、混乱を招いた君主は徳を欠いているとして、きちんと批判しなければならない。

しかし、後期水戸学では、天皇は絶対的な存在であり、日本は永遠不滅の神国であることが強調されるようになります。

それを端的にあらわしているのが『大日本史』です。この編纂過程で、ひとつの大きな問題が浮上しました。それは「論賛」をつけるかどうかです。論賛とは何か？『大日本史』の中核である本紀は代々の天皇の事績を記したものです。そこに天皇に対する論評を加える、これが論賛です。

途中の段階では、安積澹泊《あさかたんぱく》による論賛がつけられていました。安積澹泊は通称を覚兵衛といい、『水戸黄門』の格さんのモデルといわれる人物です。朱舜水に直接教えを受けた、いわば水戸学派第一世代といえるでしょう。ちなみに『大日本史』を支える史料収集で大きく貢献したのが佐々宗淳《さっさむねきよ》です。通称介三郎。そう、助さんのモデルです。

さて、この論賛をめぐって論争が起きます。安積の死後、長く停滞していた『大日本史』の編纂作業を再開させた立役者が立原翠軒《たちはらすいけん》。蝦夷地を探検した木村謙次も、立原の弟子にあたります。
後期水戸学の祖とされる藤田幽谷も立原の弟子でしたが、『大日本史』の編集方針をめぐって、立原と対立してしまうのです。そのテーマのひとつが論賛でした。論賛は必要だとする立原に対して、幽谷は、天皇を論評するのは不敬にあたる、として論賛を外すことを主張したのです。たしかに安積の論賛を読むと、後醍醐天皇への評価などはかなり厳しいものがあります。後醍醐天皇の時代に国は乱れたけれども、三種の神器を奉ずるという、天皇としての一線を守った、だから天皇家はなんとかつながったのだ、といったことが書かれている。それに対して、藤田幽谷以降、考え方の違う人がどんどん出て参ります。この師弟の論争は、幽谷の破門にまで至りました。

なぜ後期水戸学が天皇絶対化に進んだのか？　まず挙げられるのは、国学の影響です。国学は江戸中期から盛んになった学問で、主に大和言葉による文章詩歌を学ぶことで、儒教や仏教など外来思想の影響を外した日本本来の文化、精神を探ろうというものでした。本居宣長《もとおりのりなが》が「からごころ」を排す、「やまとごころ」を重んじるというのは、そうした意味です。この国学を支持したのは、主に富商や富農、医者や神官などといった江戸中期以降、力をつけていった民衆層でした。

その国学の主たる研究分野は、和歌です。和歌は、天皇も詠めば公家も僧侶も詠む。貴人のたしなみとして盛んに作られ続けてきたものですが、『万葉集』にみられるように、庶民の詠んだ歌も含まれます。武士だって辞世の歌を詠むでしょう。つまり和歌という文化は日本の幅広い階層に広く共有されてきて、しかも漢文の文化と一線を画している。儒学が武家の主従関係のモラルと密接に繋がるものならば、国学は、商人や医家や神主が全国を股にかけ、藩と藩の境界線にしばられず、自由にフラットに結び付いて商売やらをしていこうとすることと繫がっている。

儒教が君主と臣下のタテの関係を重視するのに対し、国学はともに和歌に興じるようなヨコの関係のなかに、天皇を位置づける。『万葉集』で古代の天皇は村の娘に歌を贈ったりしている。しかも自由な心の動きを詠むのが歌でしょう。連歌もあります。漢詩を一行ずつ大勢で合作することはあまりないと思いますが、和歌だとそういうことがある。階級的・身分的な上下から自由なイメージと、藩地のタテ割りを飛び越えてヨコにつながってゆくイメージ。そういうイメージが和歌と国学に輻輳《ふくそう》してきて、儒学の世界と好一対をなすのです。物品や知識を流通させる人たちの自由な交流。それは、生きた日本語、歌の贈答でなされるところが大ですから、江戸時代に商工業が発展すればするほど、非武士階級にお金がたまればたまるほど、余暇が増えれば増えるほど、国学が発展するのです。

あるがままが良い、素直に生きるのが良い、とするのが「やまとごころ」。何かと理屈をつけて人を裁断するのは「からごころ」。国学的な世界では、天皇はあるがまま、そこにいるだけでありがたく、日本は永遠不滅の神の国となります。

そのいちばん極端な議論は、本居宣長によって代表されるでしょう。宣長は、天照大神とは神話の中だけに居るのでもないし、北畠親房のように子孫に三種の神器を受け渡して国を治める徳を説いたから偉いのでもないという立場でした。天照大神は今日もわれわれの目の前に居る。神話を素直に読めば誰でも分かることだが、天照大神とはお日さまそのものなのだ。頭上に輝いているのが天照大神そのものだ。国学は観念操作をしない。本居宣長は、天照大神を太陽の象徴とは思わない。太陽それ自体であると考える。その太陽の子孫として地上のお日さまであるのが天皇だろう。太陽の徳の有無を云々《うんぬん》して何の意味があるだろう。太陽はそれ自体として現実に絶対の影響を与えている。太陽は世界を照らし、その子孫は日本に居る。それだけ分かれば十分である。儒学的な価値評価で語れるものではないのです。太陽の子である天皇の代々をいちいち批評するなどもってのほかです。

だから、たとえば前期水戸学のアプローチは、天皇を讃えるつもりで、天皇を相対化して貶める無礼な思想ということになる。その部分は切らねばならない。この論法を後期水戸学は受け入れたのです。

では、なぜ後期水戸学はそうしたのでしょうか。シビアな国際情勢に対し、後期水戸学が、儒学の基本線を捨ててまで、現実的に対応しようとしたからでしょう。

現実にロシアやイギリス、アメリカがやってきて、大砲を撃ったりして開国を迫る。そのリアルな暴力に対して、天皇の道徳を強調していると、もしも、徳の低いように見える天皇が現れでもしたら、これはもうどうにもならない。アウトなのです。代々の天皇一人一人を有徳度で評価する前期水戸学的天皇観では、神州不滅の理想は語れない。負けてしまう可能性をどうしても語らざるを得なくなる。そういうロジックの入りこむ可能性の芽は摘んでおきたい。太陽がある限り、日本は不滅だ、神国だ。こちらの方が盤石《ばんじゃく》です。だから儒学の徳の思想をないがしろにして、天皇絶対を言いだす。天皇を天の徳に従うものと見るのではなく、キリスト教の神のように見る。その方が安心なのです。

民衆にも日本を神の国、天皇を絶対的な存在と信じてもらい、それで国民がひとつとなって、この国を守ろうとしなければ、国防力は十二分に発揮されない。会沢正志斎は「邪説の害」としてキリスト教を非常に警戒しましたし、国学にもいつも疑義を呈していたのですが、キリスト教と国学から、頂く理屈は頂いていたのです。それだけ後期水戸学のほうが切迫した危機意識を持たざるを得なかったともいえるのです。

なぜ明治政府は天皇を必要としたのか？

外国の圧倒的な脅威を前に、いかにして迅速に「国民」というものをつくり上げ、一枚岩となって対抗できるか。これこそが明治国家が「天皇」を必要とした最大の理由であり、その前座が後期水戸学であるということが、ここまででかなりお分かりいただけたのではないでしょうか。将軍や副将軍を志士に取り換えないと、水戸学のままでは明治維新はできませんし、そうなると水戸学の影響を受けながら、志士の論理をおしすすめて水戸学を突破した吉田松陰が改めて重要になりますけれど、松陰の発想も水戸学あってこそで、先に行けたのですから、やはり水戸学の話はいくら強調しても強調しすぎることにはならないと考えます。

ここで時をやや先に進めて、明治政府のなりたちの話をいたしましょう。

なぜ江戸幕府が倒れ、天皇中心の明治政府が成立したのかについては、ごく大ざっぱに捉えると、二つの立場があるように思えます。ひとつはここまでも繰り返し述べてきました外圧説、そしてもうひとつは経済構造の変化に力点を置く内在的な経済発展説です。

幕藩体制は、基本的には石高、すなわち米に基軸を置いた経済システムです。年貢を米で納めさせ、武士の家禄はすなわち石高です。それに対して、江戸期を通じて、貨幣経済、市場経済がどんどん発展していきます。基軸であるはずの米も、市場においては商品のひとつとして値段がつけられ、貨幣に換算される。当然、需要と供給のバランスによって、価格は変動します。

これは武士にとっては大変不都合なことでした。市場の動向によって、自分の生活の基盤である収入が変動してしまうのです。だから、江戸幕府は米価の統制に必死に取り組みますが、うまくいきません。貨幣経済が進展するほど、石高に縛られざるをえない武士、さらには藩、幕府は窮乏していきます。こうした軋《きし》みが、おのずと幕藩体制を掘り崩していく、というのが内在要因説のあらましです。経済史で攻めるとそうなります。経済決定論ですね。この見方では、明治維新に至る過程で、日本の経済がどの段階まで発展していたのかが重要になります。黒船が来る、来ないといった話は、必ずしも重要ではありません。

もちろん経済構造の変化が、社会を動かす大きな要因であることは否定できません。しかし、この内発的な発展論で説明しようとすると、明治維新で天皇が大きな役割を果たす理由はあまり見えてこないでしょう。

なぜ天皇が必要だったのか？　この問いを考えるとき、やはり海外からの脅威、軍事的要因に立ち戻ります。先に吉田松陰の国防思想を紹介しました。海外からの軍事的脅威に対抗するといっても、簡単なことではないのです。

たとえば徳川斉昭などは蝦夷地を水戸藩のものとし、昆布などで藩財政を立て直し、軍事費を増大して、水戸藩主体の国防を実現しようとしました。同様の試みは薩摩藩や長州藩など、幕末の雄藩と呼ばれた諸藩でもなされましたが、下関戦争や薩英戦争が示すように、藩単位の武力ではとうてい西洋列強には対抗できないことがすぐにわかります。

すると、全国単位の軍隊をつくるほかない。それは幕府のみならず藩を壊すことでもありますが、さらなる難事は、「国民」をつくることでした。これをつきつめると、国を守るために命を投げ出す人々を大量に作り出す必要があったのです。

だからといって、民を無理やり拉致《らち》してきて、奴隷のように扱っても、真の意味での国防は成り立ちません。会沢正志斎が憂慮したように、中心を欠いた単なる群衆ではもろく、海外勢力によって分断される危険もあります。国学的な絶対の天皇、日本人の束《たば》ね、いや、世界全体の束ねとしての、日の本の国の時代を超越した神的性格を持つ天皇が強調されたのも、そのためです。ここから国家神道へとつながります。

しかも、事態は急を要したのです。もう黒船はやってきて、アジアの海を取り囲んでいるのです。ゆっくりと内発的なナショナリズムの成長を待つ余裕はありません。内的な経済発展によって、日本国内の社会構造の変化に合わせて近代化が進んだのであれば、日本の近代化はもっと無理のないものだったかもしれません。しかし、世界情勢はそれを許しませんでした。海外からのプレッシャーにさらされた日本にとって、自然なスピード、内的な欲求によって無理なく成長＝近代化する時間はなかった。

そこで急いで「国家」を束ねる力、「国民」を生み出す仕掛けがどうしても必要になります。その仕掛けとして、明治政府を作った人々には、「天皇」以上の選択肢は考えられなかった。いわば緊急対応策として、明治政府は天皇を中心に据えたのだと考えます。そして、天皇により強い求心力、束ねる力を持たせるために、様々な仕掛けがつくられていった。緊急対応だから、そこには様々な無理や矛盾もはらんでいました。皇国史観もそうした近代化への仕掛け、緊急対応のひとつだった、というのが本書の立場です。

天狗党の乱と志士の論理

それから間もなく、一八六四年に天狗党の乱が勃発したことは、後期水戸学を考えるうえで大きな出来事です。

天狗党の乱は、当時の幕府、朝廷内の政争とも結びつき、複雑な展開を見せますが、ごく簡単に経緯を追ってみましょう。

一八六二年、長州藩などの後押しもあって、朝廷は幕府に攘夷の実行を強く求めます。具体的に争点となったのは、横浜港から諸外国を追い出し、閉鎖せよという横浜鎖港問題でした。これに対し、将軍後見職であった一橋慶喜は、水戸藩勢力と提携して、鎖港を実現しようとします。しかし、幕閣内では、そんなことを諸外国に認めさせるのはもはや不可能だ、という認識が主流を占めていた。事態が膠着《こうちゃく》するなか、水戸藩士の一部が暴発します。

一八六四年三月、藤田東湖の息子である小四郎をはじめとする六十人余りの同志が、幕府に即時鎖港を要求するため、筑波山で挙兵したのです。彼ら筑波勢はやがて、水戸とは関係ない攘夷の志士たちをあちこちから多数加えて、千人を超える大勢力になりました。この筑波勢が天狗党と呼ばれます。天狗党という名称は、もともと、尊皇攘夷を叫んで天狗のように鼻を伸ばして威張っている誇大妄想の人々というくらいの軽蔑的な他称です。

この動きを利用し鎖港を押し通そうとする幕府内を含めた勢力と、いや、朝廷は「無謀の攘夷」を否定しているとする勢力がにらみ合い、幕府は直接、追討・鎮圧できない状態が続きました。一方、水戸藩内では徳川斉昭以来の攘夷運動を嫌気していた大勢力が結集して諸生党と呼ばれ、筑波勢とそのシンパを排除しようとします。

そんななか、水戸の動きに呼応するかのように長州藩の過激派が、京都市内で会津・薩摩藩と市街戦を繰り広げる蛤御門《はまぐりごもん》の変が起こります。京都を戦場にしたことにより、長州藩は孝明天皇から「朝敵」とされ、長州征伐が準備される。こうなると、長州と同じ穴の狢《むじな》とみなされた天狗党も、存在の正統性を急速に失って、ただの反乱軍扱いされ、水戸藩領内で諸生党と過激な内戦を始めます。そこに幕府の追討軍も加わって、内輪もめゆえにかえって憎しみが互いに募って、戦争は凄惨を極め、水戸藩領を追われた天狗党の残党は京都を目指しますが、幕府の追討軍に捕まって、天狗党のリーダー、藤田小四郎や武田耕雲斎らは斬首されるに至ります。

ところがさらに悲惨なのは、そのあと。水戸藩では諸生党の勢力が天狗党シンパへのスターリン的ともいえる粛清を行ない、一八六八年、戊辰《ぼしん》戦争が勃発すると、今度は天狗党系の生き残りが勅命をとりつけ、復讐する。諸生党の者は、家族、係累までも次々に処刑される。これまで見てきたように、水戸藩は明治維新に至る流れをリードした存在でした。しかし、安政の大地震、安政の大獄、桜田門外の変を経て、最後にとどめをさしたのは天狗党の騒動とそのあと繰り返された粛清の嵐で、人材のほとんどを失い、明治維新後、水戸の影はすっかり薄くなってしまいました。

この天狗党の乱は、水戸学からしても越えてはならない一線を越えてしまいました。一介の藩士たちが直接、朝廷と結びつき、その攘夷の意志を体現しようとした。そういう理屈が天狗党から出てきてしまった。これは、天皇―将軍―水戸藩は一体のものとして、タテの線でつながっているという水戸学の大前提を覆すものでした。

こうした天狗党の論理は、幕末の志士の論理そのものであるともいえるでしょう。明治においては一君万民のモデルともなります。徳川将軍家や藩主たち、重臣たちの意向をすっ飛ばし、一般の武士たちや、武士ですらない農民、町人などが天皇と直結する。これは大きな転換点でした。天狗党には神官や修験者や豪農の子弟や博徒も加わっていました。

世界史になぞらえるならば宗教改革ですね。神と信者との間に必ず教会が介在しているカトリックから、聖書を読めば神と直接対話できるプロテスタントへの転換に似ている。

また、この志士の論理は危うい一面も持っています。なぜなら、個々の志士たちが実際に天皇に接することなどありえません。志士同士の議論や噂、思い込みなどのなかで、それぞれが「（俺が考える）天皇の意志」を作り上げ、それに忠誠を誓うのです。それは天皇に忠誠を尽くしているようで、実際には自分の思い込みを信奉しているに過ぎません。だから、天狗党のような暴発も起きる。明治維新までの歴史は、こうした志士たちの暴発の連続ともいえます。

天皇との直結という意味では、二・二六事件を起こした青年将校たちとも重なり合います。彼ら（の一部）は、昭和天皇が自分たちの行動を是認してくれると信じていました。だから、天皇が叛乱の鎮圧を指示したと知ったとき、大きな憤《いきどお》りを隠さなかったのです。

このように、明治維新に至る過程において、水戸学の果たした役割はもっと強調されてもよいと思います。そもそも最後の将軍となった徳川慶喜その人が、水戸学の呪縛にがんじがらめになっていたともいえるでしょう。言うまでもなく慶喜の父は徳川斉昭です。慶喜が断行した大政奉還という発想自体、水戸学のバックボーンがない将軍からはなかなか生まれてこないのではないでしょうか。戊辰戦争において、まだまだ幕府側に十分な戦力があるにもかかわらず、指揮をとっていた大坂城からあっさり退却し、江戸に戻ってしまったのも、そこに父の斉昭から刷り込まれた「天皇絶対」という水戸学の尊皇思想が大きく作用していたとでも考えないと、しっくりきません。幕府のリーダーがそもそも水戸学派だったわけです。

こうして明治日本は、天皇を中心とした国家として出発します。天皇を戴《いただ》きながら、どのように具体的に一枚岩の「国家」、「国民」を作り上げていくか、それが明治政府の設計者たちの緊急課題となっていくのです。

第三回　五箇条の御誓文

新国家の基本方針

今回の講義では「五箇条の御誓文《ごせいもん》」を取り上げたいと思います。明治政府の発足は一八六八年一月三日（慶応三年十二月九日）、王政復古の大号令に始まります。そこで将軍が辞職し、幕府が廃止される。摂政・関白も廃止されます。そのかわりに設置されたのが総裁、議定《ぎじょう》、参与の三職でした。

総裁には有栖川宮《ありすがわのみや》。議定は仁和寺宮《にんなじのみや》、山階宮《やましなのみや》といった皇族、公家から中山忠能《ただやす》、正親町《おおぎまち》三条実愛《さねなる》、中御門経之《なかみかどつねゆき》が入り、薩摩の島津忠義、尾張の徳川慶勝《よしかつ》、芸州広島の浅野茂勲《しげこと》、越前の松平春嶽、土佐の山内容堂といった藩主たちが並びます。そして参与に岩倉具視《ともみ》、西郷隆盛、大久保利通、後藤象二郎といった人々が顔を出します。長州藩が含まれていないのは、この前日の朝議で、ようやく正式に朝敵ではなくなったばかりだったからです。

そして同年四月六日（慶応四年三月十四日）、京都御所に公卿・諸侯などが集められ、天皇自身のお言葉で、新政府の基本方針が発表されます。これが「五箇条の御誓文」といわれるものであります。この翌日には、官軍による江戸城の総攻撃が予定されていました

（有名な勝海舟と西郷隆盛の会談により、実行されませんでしたが）。いよいよ幕府は消滅し、天皇の世となる。そこでどんな政治を行うのかという内容が語られたのです。

これは天皇の誓いですから、語りかけている対象は公家や諸侯でも、国民でもありません。天地の神々、皇祖皇宗に宣言したものです。このとき明治天皇は満年齢で十五歳。実際の草案の作成やその修正は由利公正《ゆりきみまさ》、福岡孝弟《たかちか》、木戸孝允《たかよし》の手によって行われました。

一　広ク会議ヲ興《おこ》シ万機《ばんき》公論《こうろん》ニ決スヘシ
一　上下心ヲ一ニシテ盛《さかん》ニ経綸《けいりん》ヲ行フヘシ
一　官武一途庶民ニ至ル迄《まで》各《おのおの》其志ヲ遂ケ人心ヲシテ倦《う》マサラシメン事ヲ要ス
一　旧来ノ陋習《ろうしゅう》ヲ破リ天地ノ公道ニ基クヘシ
一　智識ヲ世界ニ求メ大《おおい》ニ皇基《こうき》ヲ振起《しんき》スヘシ

我国未曾有ノ変革ヲ為《なさ》ントシ　朕躬《ちんみ》ヲ以《もっ》テ衆ニ先ンシ天地神明ニ誓ヒ　大ニ斯《この》国是ヲ定メ　万民保全ノ道ヲ立《たて》ントス　衆亦此旨《またこのし》趣《しゅ》ニ基キ協心《きょうしん》努力セヨ

一条一条に読みどころがあるのですが、ここでは簡単に内容を紹介しましょう。

第一条は、日本の政治を進めるためにはとにかく広く議論を行って、大切なことはみんなの意見に従って決定しなくてはいけない、ということです。

第二条は、「経綸」は政治・社会・経済全般とも取れますが、起草者の由利の考えでは、経済に力点が置かれていました。国民一丸となって経済発展に尽力せよ、という高度成長期のようなスローガンです。

第三条もなかなか複雑ですが、主眼は後半の「人心ヲシテ倦マサラシメン」にあります。すなわち社会の安定化です。幕末には全国的に農村の疲弊が問題になっていました。天皇が仁政を行い、農民や町人の負担を軽くして、社会不安を取り除こう、というわけです。

第四条でいう「旧来ノ陋習」は武家政治や封建政治などの古い制度でしょう。しかし「天地ノ公道」とは何か。西洋流の国際秩序に参加するという意味なのか、天皇を中心にした日本の独自路線、すなわち尊皇攘夷なのか。そのあたりがはっきりしないのが、この御誓文のミソともいえます。

第五条の「智識ヲ世界ニ求メ」とは「文明開化」による西洋の学問と技術の習得です。それによって皇基、天皇を中心とした日本を大いに奮い立たせよう、というわけです。

これから行うのは、こうした未曾有の変革である。天皇が身をもって率先し、この新しい国是を天地神明に誓う、というのが、この御誓文のあらましです。

さて、今回の講義で特に取り上げてみたいのは、第一条「広ク会議ヲ興シ万機公論ニ決スヘシ」です。よく知られるように、これは福岡孝弟が修正を加えた案では、「列侯会議ヲ興シ」という文言でした。全国の大名諸侯が集まって会議を開くという意味ですが、これを木戸孝允が「広ク会議ヲ興シ」に改めたのです。実はこの変更のなかに、明治維新への過程と、明治政府が何を目指したのかが凝縮されています。以下、幕末の流れを簡単に振り返りながら、「列侯会議」が消えたことの意味を考えてみたいと思います。

さらに重要なのは、この「広ク会議ヲ興シ万機公論ニ決スヘシ」が、なぜ第一条として、真っ先に挙げられているのかです。これは天皇中心を掲げてスタートした近代日本が、その後、どのように現実の統治をおこなっていくかを考えるうえで、非常に重要な問いなのです。

「番」と「衆」による政治

そこで示唆《しさ》に富むのは、「番」と「衆」という概念です。これは民俗学者の福田アジオが『番と衆　日本社会の東と西』（吉川弘文館）で提示したものですが、「番」というのは当番の番です。週番、月番というように、期限を決めて、その期間に起きた揉め事などへの対応は、番に当たった者が責任者となる。番長もここから出た言葉ではないでしょうか。

一方、「衆」とは合議によって決めるやり方です。これも日本社会に古くからみられるもので、ムラの寄り合いを思い浮かべればいいでしょう。鎌倉幕府の評定衆や、中世の惣国などにおける国人衆のように、問題が持ち上がったとき、メンバーが顔をそろえて話し合う。

この「番」と「衆」は、日本の権力構造を分析するのに非常に有効だと思います。たとえば江戸幕府でいえば、町奉行は北町奉行・南町奉行に分かれていましたが、あれは今の警察署のように管轄するエリアが決まっているのではなく、基本的には江戸の町全体を管轄としていて、月ごとに交互に業務を行っていたのです。その月の月番が南町奉行だったら、たとえ北で起きた事件でも、南町奉行が担当。翌月はその逆になります。まさにこれは「番」の原理で成り立っている。

「衆」は議会主義的、「番」は官僚が実権を握る行政主義的な要素を強く含んでいるといえるでしょう。もちろん「万機公論ニ決スヘシ」は西洋的な議会制度を踏まえているのでしょうが、それ以前の日本にも、それにつながる「衆」の論理があったのです。

江戸幕府の意思決定機関といえる老中は、この「番」と「衆」というふたつの概念の組み合わせで出来ていました。老中はある程度の規模の譜代大名から選ばれた複数名で構成されています。月番制になっていて、その月の事件のうち、ある程度までは月番老中が処理する。もっと上のレベルの複雑な問題が起きると、老中が衆になって、全員で合議するのです。さらに重大な事態になると、老中の上に大老が置かれます。この大老はまさに「番」です。非常時という期間限定で、独裁的な権限が与えられる。

これは官僚独裁の世界ですね。君主に任じられた行政スタッフが政策を立案し、施行する。この仕組みのメリットはスピードです。「衆」による合議制は、どうしても決定までに時間がかかる。それに対し、「番」による処分は、決定即実行です。対応にスピードが要求される非常時には、「番」の論理が前面に押し出されてくるのです。

斉昭の唱えた「衆」の論理

幕末になると、この「番」と「衆」の論理が拮抗《きっこう》し、ダイナミックに交差します。

ロシアやイギリス、アメリカといった国外からの脅威が迫る中、江戸幕府で行われていたのは、基本的には数人の老中による秘密政治でした。将軍が政策を決定するのではなく、数人の老中がブラックボックスの中で意思決定を行っていたのです。

つまり、老中たちの間では合議制、しかし江戸幕府としては、どの大名にも相談することなく物事を決する独裁権力であるという二面性を持っていました。

これに対し、「衆」の論理を拡大し、列侯会議の開催を強く主張したのが、徳川斉昭でした。

今のような老中政治でなんとかやってこられたのは、天下泰平の世であったからに過ぎない。いつ諸外国が攻めてくるかわからないような時代にあっては、このシステムでは無理だ、というわけです。海外からの脅威が押し寄せる中、実際に対応を迫られるのは諸藩の大名であり、とりわけ北の防備を担う水戸藩である。老中たちはたかだか数万石の譜代大名ではないか。諸藩の大名たちの声を聴き、幕政に反映すべきである——。こうした持論を、斉昭は黒船来航以前から、時の老中首座・阿部正弘に説いていました。斉昭の念頭にあったのは、水戸藩がリーダーシップをとりながら、列侯＝諸大名が議論を交わし、諸藩が力を合わせて意識を共にして国防に当たるというヴィジョンでした。

この斉昭の主張は、いわば「参加と動員」の論理です。前にも触れたように、江戸幕府は諸藩の連合からなる分権体制でした。徳川家は自分たちの家臣は養っていますが、他国の武士たちを実際に指揮し、戦わせる権限はありません。ただ、諸藩に対応を命じるだけです。

たとえば外国船が浜辺に漂着した場合に、調査を行い、相手側の責任者と交渉し、ときには武力で威嚇《いかく》したりして追い払う面倒な作業は、基本的に現地の藩にやらせるわけです。相手側が武力に訴えてきたら、命がけで交戦しなくてはならない。さらには、海外からの接触が常態化してくれば、不測の事態に備えて、防衛体制を維持しなくてはなりませんが、これも現地の藩の負担になります。これで幕府から頭ごなしに対応策を指示されては、たまったものではないでしょう。海外勢力との対峙を担当させられるのであれば、その分、意見を申し述べる政治参加が認められるべきだ、というのが斉昭のロジックだったのです。

斉昭の主張はさらに進んで、国防のために、勝手に大砲や軍艦を作って何が悪い、蝦夷地もよこせとなり、幕府内で顰蹙《ひんしゅく》を買い、ついには謹慎処分まで受けてしまいますが。

斉昭も、師である会沢正志斎同様、戦力で圧倒的に勝る海外勢力を即時に打ち払うのは不可能だ、との認識に近づいていきます。そこで、方便として一部の港を開いて時間稼ぎをしながら、その間に国力を充実させて、国防の準備を整え、いつかは攘夷を実現する、というストーリーを思い描くようになる。その間、開国をちらつかせて、西洋諸国をうまくたぶらかす「ぶらかし」外交が必要だ、とするのです。その「ぶらかし」をしている間に、諸侯の衆議を一致させ、国防体制を整備していこう、というわけです。

老中首座の阿部正弘はこうした斉昭の「衆」の論理の影響を受けて、斉昭を海防掛参与に任命したり、ついには朝廷まで「衆」の輪に入れてしまった。これが公武合体路線です。さらに松平春嶽や島津斉彬《なりあきら》たちは、斉昭とともに幕府＋朝廷の連携に、外様大名も含めた自分たち雄藩を加えて挙国一致体制をつくれ、という「衆」の論理、列侯会議路線を強力に推し進めようとします。

こうした流れに対し、「番」の論理のもと、ストップをかけたのが、一八五八年に大老の職に就いた井伊直弼でした。前にも述べたように、大老とは非常時において緊急的に独裁権をふるう存在です。緊急事態を乗り切るには、幕府の独裁的な権限を強めるしかない。朝廷や雄藩の意見を聞き入れていたのでは、かえって事態を混乱させ、幕府を弱体化させるばかりだ、というのが井伊の「番」の論理でした。安政の大獄とは、いってみれば、「番」の論理と「衆」の論理の激突です。幕政に参与しようとする雄藩の指導者、彼らの意を体した志士たち、学者たちを、危険思想だとして片っ端から捕まえ、弾圧していったのです。しかし、大老独裁への反発はますます強まります。その帰結が水戸・薩摩の浪士たちによる井伊の暗殺でした。このとき、井伊直弼とともに、大老という緊急時独裁システム、今まで江戸幕府を成り立たせてきた非常事態を乗り切る仕掛けも吹っ飛んでしまったわけです。

志士の論理が天皇を必要とした

井伊の死から、公武合体、有力藩の連合による政権維持が既定路線となり、そこで誰が主導権を握るかが幕末政治の焦点となっていきます。そして、政争の表舞台は江戸から朝廷のある京都に移っていく。最後には第十四代将軍、徳川家茂《いえもち》までが京都入りし、大坂城で客死します。慶喜に至っては将軍就任以来、終始、畿内で活動し、在任中は、一度も江戸にもどれませんでした。

その京都の主導権は、目まぐるしく変わります。いわゆる一会桑（一橋、会津、桑名）と薩摩が天皇の信任を得て、長州を朝敵としていたかと思うと、薩長同盟が成立、三条実《さね》美《とみ》、岩倉ら公家たちとともに倒幕運動を激化させていく、といった複雑で流動的な事態が続くのです。

こうした状況は、もうひとつ大きな権力構造の転換を引き起こします。それは藩内の権力が上から下へと降りてきたことです。

環境の激変が続くと、何が起きるか。現場への情報と権限の集中です。国元や江戸にいる殿様や家老たちなどの上級武士にいちいちお伺いを立てて、御沙汰をまって行動したのでは、とうてい間に合わない。情勢は刻一刻と動いている。その情報を手にできるのは現場の人間です。現場が自分の判断で即時に対応しなくては、どんどん遅れをとってしまう。なかでも京都で長く活動し、各所にパイプや人脈を持っている人間が、藩内での発言力を高めていきます。

そうなると、主役は雄藩の大名ではもはやありません。西郷、大久保、桂小五郎（木戸）といった薩摩や長州などの一般の藩士、さらには伊藤博文、山県有朋《やまがたありとも》のような下級武士、坂本龍馬のように藩すら抜けてしまった志士たちに、実際の決定権がどんどん移っていく。朝廷においても、岩倉具視といった下級公家が実権を持つようになっていく。さらには幕府においても、小普請組という無役の旗本出身である勝海舟が江戸城の無血開城を決めてしまうわけです。

そこで問題になるのは、こうした従来の幕藩体制では力を持たなかった人々を、維新という共通のベクトルに方向づけたものは何か、ということです。現場の力（下）が強くなり、各藩の上級武士たちという中間層を飛ばして、勝手に動くようになる。すると、そこには「上」が必要になる。自分たちの運動に方向を与えてくれる「上」、すなわち天皇が求められるのです。

将軍、大老、老中、大名、家老といった幕藩体制の秩序のすべての上に天皇がいる。そして、自分たちは、その絶対的な天皇の意志を実現するために存在するのだ——。これは前回、天狗党に関連して説明した志士の論理ですが、各藩の実務レベルの武士たちが体制を破壊するまでに活性化するのも、同じ論理です。志士の論理が天皇を必要とした、ともいえるでしょう。

そうした事態をさらに加速させたのが、一八六七年の孝明天皇の死だった、と私は考えます。明治維新の時点で、もし三十五歳で崩御した孝明天皇が存命だったとして、「いつ攘夷を実行するのか」と強く求められたら、開国路線に転じていた新政府の面々はどう答えたのでしょうか。

後醍醐天皇ではありませんが、生身の君主とは、政権担当者にとって、時に自分たちの意に反することも行う、厄介な存在でもあるのです。君主自身に政治力がなくても、「今の政権担当者は君主の意志に反している。君主の気持ちを理解し、実現できるのは自分たちだ」と言い出して実権を握ろうとする勢力は必ず出てくる。天皇中心の国家とは、そうした危険性を常にはらんでいるのです。

幕末の主導権争いでは、「錦《にしき》の御旗《みはた》」がどちらの手にあるかが重要になります。「玉《ぎょく》を握る」という表現もあるように、志士たちには、天皇を「玉」と称し、自らの正当化の装置として捉える者もあらわれます。「自分は天皇の意志を実現しようとしているんだ」という志士の論理にとって最も困るのは、天皇自身によって「自分の真意は、そうではない」と否定されてしまうことです。だから、天皇という存在はできるだけ遠くにいて、はっきりとした意志を示さないほうが、都合がいい。

明治天皇がまだ十四歳の少年だったからこそ、維新政府の主導者たち、三条、岩倉、さらには西郷、大久保、木戸たちは、思い通りに国家のデザインを描けたともいえます。ある意味で、孝明天皇は絶妙なタイミングでこの世を去ったことになります。孝明天皇の死については、いくら否定的な見解がだされても、暗殺説、陰謀説が根強く囁《ささや》かれてきたのはそのためでしょう。

第一条のオモテとウラ

明治維新までの流れを簡単に振り返るといいながら、ずいぶん長くなってしまいました。五箇条の御誓文に戻るとしましょう。

なぜ五箇条の御誓文から「列侯会議」が消えたのか。すでに半分は説明してしまったようなものですね。初期の明治政府の構成をみると、総裁、議定のメンバーは「列侯会議」の面影を残している。しかし、状況はとっくに先に進んでしまっていた。もはや主役は列侯ではなく、参与の名を与えられた革命の実務者たちだったのです。

そもそも原案をつくった由利公正、福岡孝弟にせよ、最終案をまとめた木戸孝允にせよ、百石から二百石足らずの一般の藩士で、旧体制が揺らがなければ、そうした権限など持てるはずもない人たちだった。それが実務者として大きな力を持つようになっていたのです。実際に列侯会議などを開いて、島津久光あたりがあれこれ口を出すことになったら、収拾がつかなくなり、時計の針を戻してしまうようなことにもなりかねません。

しかし、木戸が「列侯会議」の文言を削った理由はそれだけではないと考えます。「広ク会議ヲ興シ」への変更は、一見、間口を広げ、より議会主義的、より民主的にみえますが、実は、いつ、どんな会議を開いて、誰が参加するのかといった方向性は示されていないのです。すべては玉虫色で、具体的なことはすべて先送りされています。

実際に、明治政府はどのように運営されたでしょうか。よく知られるように、その主軸となったのは、維新の中核をなした薩長に土佐(高知)、肥前(佐賀)などを加えた藩閥政治でした。選挙にも公募にもよらず、人脈のつながりで選ばれた、限られたメンバーによる密室政治によって、明治国家の枠組みは決められていきます。これはむしろ幕府の老中政治にも似ているといえるでしょう。

明治政府は発足しましたが、幕末の日本が直面していた脅威が解消されたわけではありません。まだ非常事態は続いています。明治政府の主導者たちは、非常時には、船頭ばかりが多く、調整に時間がかかり、混乱も生じやすい民主体制=「衆」の政治よりも、寡頭や独裁の密室政治の方がよいと考えたのです。

このことと関連して興味深いのは、「朕躬《ちんみ》ヲ以《もっ》テ衆ニ先ンシ」といいながら、この新しい政体で、天皇はどんな立場で、どんな権限をふるうのかという、天皇自身の果たす役割が示されていないことです。いや、それどころか、はっきりと天皇には決定権がない、と読める文言さえある。そう、「万機公論ニ決スヘシ」です。すべてはみんなで話し合って決める、すなわち、実際に決定権を握っているのは、意思決定の会議に参加するメンバーである、ということになります。

のちに憲法制定が議論されるなかで岩倉具視などが懸念したのは、天皇が有名無実化して、ないがしろにされるようなことになってはならないが、一方で、何かあったときに天皇自身が責任を取らなくてはならない体制は困る、ということでした。そのとき「万機公論ニ決スヘシ」は天皇を免責する仕組みとしても使えるわけです。決めたのはみんなであって、天皇の責任ではない、と。

さらにいえば、王政復古の際、将軍とともに摂政・関白も廃止したように、事実上、天皇に成り代わって何でも自分で決めてしまう存在は作らない、というのが、明治政府の基本設計なんですね。「公論ニ決スヘシ」とは、特定の天皇の代理人、江戸幕府でいえば大老的な独裁者を出さない、という意味も含んでいるのです。

「人間宣言」にも登場

このように、「万機公論ニ決スヘシ」の一文からはさまざまな思惑が読み取れるのですが、やはり重要なのは、それでも合議体制を国政の基礎とする、というメッセージが、第一条、最も基本的な原則として謳《うた》われたことです。

最終的に御誓文の文言を決めた木戸孝允は、のちに議会設立に尽力することになります。そこには、究極には「参加と動員」の論理があったと考えます。幕末において斉昭が、諸藩が国防に駆り出されるなら、幕府は大名たちの意見も聴くべきだと唱えたように、国民を戦争に動員するのであれば、やがては彼らの政治参加を認めなければならない。これは奇兵隊の論理にも通じるものでしょう。

この「万機公論ニ決スヘシ」に始まる五箇条の御誓文は、その後の日本の歩みに決定的な影響を及ぼします。この精神に基づいて、帝国議会が開かれ、大正デモクラシーも正当化され、政党が政治の中心を担うようになる。

昭和の敗戦に際して、皇室を守ったのも、実は五箇条の御誓文だったともいえます。一九四六（昭和二十一）年一月一日、昭和天皇による「人間宣言」の前半では、この五箇条の御誓文が引用されました。この第一条の精神を掲げることで、「天皇はもともと民主主義とマッチする存在であり、日本の民主化を支える政治装置たりうる」というメッセージを、ＧＨＱに強く印象付けたのです。

第四回　大日本帝国憲法

西南戦争から自由民権運動へ

大日本帝国憲法（明治憲法）が公布されたのは一八八九（明治二十二）年二月、施行は一八九〇（明治二十三）年十一月になります。そして施行と同日に第一回の帝国議会が開かれました。考えてみれば、憲法制定、議会開設まで二十年あまりかかっているのは、ちょっとかかり過ぎではないでしょうか。一八七五（明治八）年にはすでに立憲政体樹立の詔書が出されていますから、そこから数えても十五年が経っています。

この二十年という時間があらわしているのは、発足したばかりの明治政府が決して盤石なものではなかったということでしょう。深刻な内部分裂や政変を幾度も経験し、ようやく実現したのが立憲体制だったといえます。今回の講義では、特に天皇の位置づけに着目しつつ、憲法制定までの道のりを眺めてみたいと思います。

前回の講義で五箇条の御誓文が発された日の翌日、江戸城総攻撃が予定されていたことを述べましたが、明治政府を設立したのちも、旧幕府勢力や東北諸藩が結んだ奥羽越列藩同盟との戦いは続きます。戊辰《ぼしん》戦争です。最終的にこの戦争が終結するのは、箱館に立てこもった榎本武揚ら旧幕府勢力が降伏した一八六九（明治二）年六月のことでした。

しかし今度は勝者である明治政府で深刻な路線対立が生じます。その最大のテーマは征韓論でした。李氏朝鮮は、明治政府の成立後、これを正統な政府と認めず国交を拒否していました。それに対し、一八七三（明治六）年、朝鮮に武力を用いて開国を迫る案が浮上したのです。当時、岩倉具視以下、大久保利通、木戸孝允、伊藤博文らは、岩倉使節団として、一八七一（明治四）年から一八七三年にかけて欧米諸国を歴訪していました。留守政府であった西郷隆盛、江藤新平、板垣退助らは、朝鮮との外交問題解決のために、西郷を朝鮮に派遣することを決めます。西郷は「もし自分が朝鮮で殺されたら、それを口実に派兵すればいい」と語っていました。驚いたのは、帰国を果たした岩倉使節団の面々です。ぎりぎりのところで西郷の派遣を白紙撤回。これに反発した西郷以下の留守政府メンバー、江藤、板垣、後藤象二郎、副島種臣《そえじまたねおみ》は参議を辞して、政権を去ります。これが明治六年の政変です。

この政変は二つの重大な影響をもたらしました。

ひとつは議会開設運動です。下野した板垣、後藤、江藤、副島らは翌一八七四（明治七）年、政府に「民撰議院設立建白書」を提出します。この建白書は、「今政権ノ帰スル所ヲ察スルニ、上帝室ニ在ラズ、下人民ニ在ラズ、而《しかして》独《ひとり》有司ニ帰ス」、すなわちいま政治の実権は天皇にも人民にもなく、有司専制、一握りの藩閥グループが勝手に独占している、と指摘します。そして、「天下ノ公議」を行うために「民撰議院」を設立すべきだ、と主張するのです。つまり、「帝室」がないがしろにされているという批判と、五箇条の御誓文にあった「万機公論」の原理をセットとして、政府を攻撃しているわけです。

そしてもうひとつは不平士族の叛乱でした。その皮切りは一八七四年、江藤新平が起こした佐賀の乱ですが、さらに士族層を刺激したのは一八七六(明治九)年に実施された廃刀令と秩禄《ちつろく》処分でした。秩禄処分とは、それまで明治政府が華族、士族に支給してきた家禄などを廃止する決定です。その額は国家財政の四割近くにも及んでいましたから、とても財政が持ちません。そこで特権として与えられてきた家禄を廃止し、期限付きの公債に切り替えたのです。武士たちは廃藩置県と徴兵令によって職を失い、地租改正で土地の支配権を奪われ、刀を奪われ、収入も奪われたことになります。

この一八七六年には、熊本で神風連《じんぷうれん》の乱、福岡で秋月の乱、そして山口で萩の乱が起こります。いずれも西国諸藩、つまり〝維新の勝ち組〟周辺です。しかも萩の乱の首謀者、前原一誠《いっせい》は参議、兵部大輔《ひょうぶたいふ》(国防部門のトップ)を務めるなど政府の中枢にいた人物でした。

勝ち組グループの内部も、さらに勝ち組と負け組に分化していたわけです。

こうした一連の乱は、単なる不平士族の暴発だったのか。そうとも言い切れません。江藤新平にせよ、前原一誠にせよ、明治政府に残った指導者たちに匹敵する実力の持ち主でした。時代の巡りあわせが少し変わっていたら、彼らが主導する明治政府は十分あり得た。明治維新は失敗したから、もう一回革命を行ってやり直そう、という動きは、この時点では、まだまだ説得力を持っていたのです。

それを最も端的にあらわしているのが一八七七（明治十）年二月に始まった西南戦争です。何といっても乱を起こしたのは、明治維新最大の功労者、西郷隆盛であり、明治政府の中核を担っていたはずの薩摩藩士たちでした。西郷個人がいかなる思惑をもっていたかは不透明な部分がありますが、客観的にみると、これは立派なクーデターでしょう。ひとつ対応を間違え、各地で西郷に呼応する勢力が次々にあらわれれば、明治政府は崖っぷちに立たされたかもしれません。

逆に言えば、この西南戦争で西郷が敗れたことで、武力による再維新の夢は終わったともいえるでしょう。明治政府は、基盤こそ脆弱《ぜいじゃく》であれ、西郷でも武力的にはひっくり返せない程度には強大化していた。西郷率いる旧薩摩藩以上の挑戦者はもう出てきません。

さて、この一連の乱に乗り遅れたのが板垣退助、後藤象二郎らの土佐藩でした。しかし、彼らが明治政府の転覆を諦めたわけではありません。この時期、明治政府はとにかく財源確保に必死でした。国民に重税を課し続けたため、民衆の不満は増大していきます。武力によって一気に革命を起こすのは不可能でも、議会開設要求を旗印に、各地で民衆暴動を引き起こしつつ、士族だけではなく地主などの地方有力層に支持基盤を広げていくことで、脆弱な明治政府はひっくり返るのではないか。板垣が自由民権運動に身を投じ、初の近代政党とされる自由党を結成するのは、ある意味、形を変えた第二の維新運動であり、西南戦争の継続ともいえるでしょう。

天皇親政グループの宮中クーデター

先に「民撰議院設立建白書」の中から、政府は天皇を脇において勝手に権力をふるっている、と批判した部分を紹介いたしました。実は一八七七(明治十)年前後、政府内においても、王政復古の本来の形、すなわち天皇親政を目指すべきだ、という主張が台頭してくるのです。

その中心となったのは、早くから明治天皇の教育係を務めていた儒学者の元田永孚《もとだながざね》や、薩摩藩以来の同志で大久保利通の信頼の厚い吉井友実《ともざね》、のちに宮内大臣も務める土佐藩出身の土方久元《ひじかたひさもと》、同じく土佐藩出身で岩倉使節団にも参加した佐々木高行らで、彼らは一八七七年に設置された侍補《じほ》という役職に任じられ、天皇の側近として活動します。

維新時には少年だった明治天皇もすでに二十五歳の青年となっていました。元田や佐々木たちの主張は、いまのように宮中と府中（政府）が分離しているのはおかしい、宮中と政府が一体となって、天皇を助けるべきだ、というものでした。そして、天皇ご自身に政治決定の現場に出てもらい、その意見を聴いて、政治に反映させていく。すなわち建前だけでなく、天皇を頂点とする一君万民の政治体制を実現すべきだと唱えたのです。

まず侍補の設置とともに、行政全体を統括する部署である太政官が皇居内に移転します。そして天皇の内閣への臨御《りんぎょ》（出席）などが定められ、参議からも直接上奏を受けるように変更される。明治天皇自身も、詔勅などの発布に際しても、右大臣の岩倉に内容の説明を求めるなど、単なるお飾りではない存在感を示すようになりました。

これは従来、有司専制でやってきた政府からみれば、一種の宮中クーデターともいえます。天皇親裁を進めるほど、側近グループの発言力も強まっていく。しかし、表立って反対はできません。なぜなら明治維新がそもそも掲げていた建前は、こうした天皇を中心とした政治だったからです。しかも元田や佐々木らには強い支えがありました。それは政府の最高実力者である大久保利通です。内務卿として内務省を握り、行政を司っていた大久保は、侍補たちの要請を受け、自ら宮内卿となろうとしていました。政府と宮中をともに掌握しようと考えていたのです。

そういう動きに反対したい伊藤博文なども、苦しいところがありました。西南戦争が済んだばかりなのです。西郷に反逆された明治政府は、反乱軍の討伐に成功したといっても、やはり正統性を疑われてくるところがある。天皇を傀儡《かいらい》にして薩長土肥の一部が勝手なことをしている、でたらめな政府なのではないかと、旧幕時代にノスタルジーを持ち、明治維新を信用したくない人たちほど思う。その声を打ち消すためには、王政復古をきちんとやっていますよ、政治意思の決定には明治天皇も参加していますよ、そう演出していかないとうまくない時期が、明治天皇が大人になってきて、発言権を増したくなってくる時期とちょうど重なるのです。

しかし、一八七八（明治十一）年五月、策動中の大久保が士族に暗殺されます。大久保の後を継いで、内務卿に就任したのは伊藤博文でした。

大久保の死の二日後、佐々木の発議で、侍補グループは明治天皇に親政を直訴します。その内容は、いま天皇親政の体裁をとっているが、世の人々からは「二、三の大臣の政治」だと思われている、これでは維新も「水泡画餅に相帰し申すべし」という激しいものでした。そして、内閣に天皇が親臨する際、侍補も陪席することなどを要求します。

この〝側近クーデター〟を前に立ちはだかったのは、やはり伊藤博文でした。侍補グループからの天皇親政のための改革案を否決し、翌一八七九（明治十二）年には侍補を廃止。元田は皇后府、佐々木は元老院、吉井は工部省といったように、明治天皇から引きはがしたのです。これが明治十二年の政変です。

藩閥政府の本質は、非常時独裁政権です。それは日本という国が厳しい国際環境に放り出されたという意味でも非常時であり、明治政府自体が不安定で脆弱な政権であるという意味でも、非常時でした。明治政府の主要メンバーは、革命によって実力で権力を獲得した人々です。だからこそ、独裁的な政治運営が可能になったわけですが、この支配体制を永続的に正統化する権威は、彼らのなかからは出てきません。もとをただせば、ただの一藩士じゃないか、下級公家からの成りあがりじゃないか、ということになる。伊藤や山県に至っては、伊藤はもともとは農民でのちに足軽に転じていますし、山県は足軽より下の中間《ちゅげん》出身でした。しかも、明治十年から十一年にかけて木戸孝允、西郷、大久保といった維新の主役たちは相次いで世を去ってしまった。そんななかで、天皇の権威は手放すわけにはいきません。と同時に、「二、三の大臣」による専制政治も続けていくほかない。それが伊藤らの直面していた問題でした。

この天皇親政をめぐる争いは、のちに詳しく述べますが、明治憲法制定時にも重大な問題として再浮上します。

私たちは、明治憲法といえば、天皇は形式としては「統治権の総攬《そうらん》者」として位置づけられるが、実権は立法、行政、司法、軍事のそれぞれ担当機関が握っているのが当たり前だと考えてしまいますが、実は、そうとは言い切れません。天皇がよりダイレクトに権力を掌握する「天皇親政」への志向は、近代日本の政治思想の中に伏流のように存在し、節目節目に表面化し続けます。それが皇国史観の問題とも絡んでくるのです。

大隈と伊藤のライバル対決

西郷らによる武力革命、天皇側近による宮中クーデターといった危機をなんとか潜り抜けた明治政府にとって、次なる課題はいよいよ憲法制定、議会の開設となります。その背景には国内では自由民権運動の盛り上がり、海外には不平等条約の改正問題がありました。

この大事業を誰が担当するのか。そこで浮上したのが内務卿となった伊藤博文と、政府きっての財政通として大久保を支え、大蔵卿を務めた大隈重信でした。この二人は、大久保の後継者の座を競うライバルでした。もっとも大久保の死後、二人はともに参議として、協力して明治政府を支えていきます。その関係に亀裂が生じたのは、まさに憲法、議会をめぐる論議でした。

伊藤はヨーロッパで法学を学んできた法務官僚、井上毅《こわし》の協力を得て、一八八〇（明治十三）年、立憲政体の意見書を提出します。それは「君民共治」のため国会を開くことは必要だが、日本にはまだ西洋流の民主政体をそのまま適用するだけの状況が熟していないとし、早期国会開設論を否定したうえで、漸進《ぜんしん》的に人材を育成し、制度を整えるというプランでした。井上は君主の権利を強調するプロシアの憲法をモデルとして考えていました。

それに対し、一八八一（明治十四）年、大隈の出した国会開設意見書は、年内に憲法を制定し、二年後には国会を開催するというきわめて急進的なものでした。そのモデルはイギリス流の政党内閣制であり、議会が主となって政治を決めていくべきだ、という考え方です。「広く会議を開き、公論に決すべき」ですが、そもそも議会の経験も浅い日本の現状とはかなりかけ離れたものだったといえます。このとき大隈の有力な協力者となったのが福沢諭吉でした。大隈は現状よりもはるかに先を行くヴィジョンを示すことで、福沢たちと連携して、一気に国会開設のイニシアティブを握ろうと考えたのです。

伊藤からすれば、現実離れしたプランを出して、抜け駆けをはかる大隈は許せない、ということになります。そして岩倉具視を動かし、大隈を政府から追放するのです。これが「明治十四年の政変」です。

このとき、大隈に協力していた福沢諭吉の関係者たちも下野します。慶應義塾出身者で大隈とともに政府を去ったなかには、のちに総理となる犬養毅、六十年あまりも国会議員を務め「憲政の神様」と称された尾崎行雄などがいました。彼らは、大隈が創立した立憲改進党に入り、政党政治家として活躍します。

「輔弼」をめぐる大論争

では、いよいよ明治憲法についてみていきましょう。

第一条　大日本帝国ハ万世一系ノ天皇之《これ》ヲ統治ス
第二条　皇位ハ皇室典範ノ定ムル所ニ依《よ》リ皇男子孫之ヲ継承ス
第三条　天皇ハ神聖ニシテ侵スヘカラス
第四条　天皇ハ国ノ元首ニシテ統治権ヲ総攬シ此ノ憲法ノ条規ニ依リ之ヲ行フ
第五条　天皇ハ帝国議会ノ協賛ヲ以テ立法権ヲ行フ
第六条　天皇ハ法律ヲ裁可シ其《そ》ノ公布及《および》執行ヲ命ス
第七条　天皇ハ帝国議会ヲ召集シ其ノ開会閉会停会及衆議院ノ解散ヲ命ス
第十一条　天皇ハ陸海軍ヲ統帥《とうすい》ス
第五十五条　国務各大臣ハ天皇ヲ輔弼《ほひつ》シ其ノ責ニ任ス

天皇に関する主な条項を挙げてみました。ここで注目すべきは「輔弼」です。天皇がその大権を行使するうえで、国務大臣が進言を行う。この「輔弼」は、単なるアドバイスではありません。「其ノ責ニ任ス」とあるように、決定の責任は天皇でなく、大臣にある。言い換えると、判断を下すのは大臣であって、天皇はその判断に反することはしてはいけない、という論理になっているのです。立法についても同様です。帝国議会の「協賛」なしに、天皇が立法権を行使することはできません。つまり、実際の立法者はあくまでも議会です。

これは一方では、天皇が責任をとらなくてもいいように棚上げすることにもなります。たとえば戦争に負けたとしても、その責任は輔弼を行った者にあり、天皇にはない、という構造になっているのです。これが伊藤のデザインした君民関係であり、明治国家の基本設計でした。

天皇を「統治権の総攬者」として明治国家の権威の源に位置づけ、絶対的な存在としながらも、実際の権力は「輔弼」する国務各大臣――つまりは実質的に明治の藩閥政府を継承する者、行政を司る内閣にある、という形になっているわけです。

「万世一系」、「神聖不可侵」といった強い表現が用いられているのは、天皇親政論者たちへの配慮という側面も感じられます。明治憲法の原案は、天皇の諮問機関として設立した枢密院で審議されましたが、この枢密院のメンバーには、佐々木高行、元田永孚、吉井友実、土方久元といった、明治十二年の政変で遠ざけた天皇親政グループが入っています。

つまり、彼らの顔も立てないと、うまくまとめることが難しかったのです。言葉の上では神聖化しながら、実際に天皇が政治判断を行うことはしっかりとブロックしている。このあたり、伊藤の政治手腕の高さといえるでしょう。

さらに明治憲法とセットでつくられた皇室典範は、天皇の存在をより具体的に縛りつけるものでした。

そのポイントは二つ。まず天皇は終身、天皇であることを義務付けられたことです。自分の意志で即位、退位を決定する自由は奪われているのです。もちろん譲位もみとめられていません。

第二に、皇位を継承するのは基本的に天皇の長男に限定されます。それが実現できないときも、継承順位はあらかじめ決められている。つまり天皇に後継者を指名する権利も認めていないのです。

これらは敗戦後に新たに制定された皇室典範でも受け継がれ、平成の終わりに天皇の意志に基づく「生前退位」が実現するまで（この重大な変更の意味するところについては、第十回で論じたいと思います）、私たちの「常識」となっていましたが、近代以前の天皇のありかたと比べると、きわめて大きな制限であることがわかります。つまり、誰を次の天皇にするかが、天皇ではなく、法律＝国家によって決められるようになったのです。

いつ誰を天皇にするかを決める〝人事権〟を認めてしまえば、それ自体が大きな権力となってしまいます。伊藤は、天皇自身さえも、そうした権力を持たないようにしたのです。

ところが、こうした伊藤のデザインに最後まで抵抗したのが、ほかならぬ憲法の原案を起草した井上毅でした。井上は憲法のみならず、明治国家のさまざまな制度や法律を広範に作り上げた、欠かすことのできないキーパーソンです。しかも厄介なことに、その井上が反対したのは、伊藤の憲法プランの核心ともいえる「輔弼」という概念だったのです。

井上の主張は、天皇の決定に内閣の輔弼が必要だとするのは、天皇の統治大権と原理的に並び立たない、ということでした。つまり、井上は天皇親政こそが明治国家の柱となるべきだと考えていた。伊藤からすれば、井上は憲法制定における最大の功労者であると同時に、強硬な批判者でもあったのです。

さらに井上は、天皇の統治権を、『古事記』に記されている「しらす」という言葉に相当すると唱えます。『古事記』には支配をあらわす表現として、「うしはく」と「しらす」という二つの言葉が用いられています。国譲りの場面で、大国主神《おおくにぬしのかみ》には「うしはく」が使われているのに対し、天照大神の子孫（天皇）は「しらす」です。井上は本居宣長を引きながら、この「うしはく」は「領す」すなわち領有、私有をあらわしているとして、天皇による統治は「しらす」である、知らしめる、国全体を映し出す鏡のようなものだ、と論じたのです。この井上の「しらす」論には国学的な要素がみてとれます。近代国家の礎《いしずえ》として、いかにして天皇を憲法に位置付けるかを論じる中で、ヨーロッパの憲法典の研究を重ねた井上が、『古事記』を持ち出してくる点が非常に興味深い。しかし、この『古事記』と近代憲法の接合には、やはり無理がありました。伊藤は井上の意見を一蹴し、天皇不親政に基づいた憲法を作り上げます。

この伊藤と井上の対立の構図は、単に明治憲法にとどまらず、その後も形を変えて、日本近代史に幾度もあらわれます。たとえば、のちに取り上げる天皇機関説事件。伊藤の示した天皇不親政主義は、美濃部達吉《みのべたつきち》の主張した天皇機関説につながっていきます。一方、井上の議論は、穂積八束《ほづみやつか》や上杉慎吉《うえすぎしんきち》が唱えた天皇主権説と重なり合う。つまり、古代から続く天皇の権威に基づいて、近代国家を形成する、という明治国家が初めから内包していた根本的な矛盾が、憲法にも色濃くあらわれているのです。

ポスト藩閥政治の二大路線

憲法ができ、議会が開かれた。しかし、話はそこでは終わりません。その後の国家デザインをどうするか。これは伊藤や山県にとって重くのしかかる課題でした。

前にも述べたように、藩閥政治は非常時独裁です。伊藤や山県たちは実際に幕末維新を戦った志士でしたが、それに続く世代には、もはや革命世代のカリスマを引き継ぐことは難しい。伊藤たちが元老として、政治の要に位置している間はよくても、やがて、別の仕組みが必要になる――。

そこで伊藤が選択したのは、議会による政治でした。「万機公論に決す」路線です。ただし、伊藤が考えていたのは、自由民権的な下からの政党政治ではなく、あくまでも政府が政党、議会をコントロールする仕組みでした。そこで一九〇〇（明治三十三）年、伊藤は「国家公党」を掲げ、立憲政友会を結成します。国家に軸を置いた安定与党が議会を押さえ、政府を支える。この伊藤の構想は、私たちにもなじみのあるものではないでしょうか。そう、敗戦後、五五年体制で生まれた自由民主党です。自民党は、岸信介《のぶすけ》や池田勇人《はやと》、佐藤栄作などの官僚出身の総理のもと、与党の座を独占し、議会と行政権力の一体化を実現しました。

それに対し、政党政治への警戒を隠そうとしなかったのが山県有朋です。彼の選択は官僚政治の強化でした。兵部省の実権を握り、軍政の頂点に立つ一方、内政の要である内務大臣にも就任します。官僚養成の中心となったのは、もちろん帝国大学です。高等行政官を国家試験によって登用する文官任用令が強化されたのも、山県内閣のときでした。興味深いのは、山県が地方自治に力を入れたことです。地方議会を通じて、人々に政治の仕組みを理解させ、国家・行政への支持を分厚くしていく。これが山県の戦略でした。これは山県の最大の権力基盤である陸軍が、地方ごとに拠点を置いていたことと関連するかもしれません。

少し先回りすると、伊藤の議会主義路線が進み、いったんは政党内閣の時代を迎えるものの、政党間の競争の激化、国際環境の激変などで、政党政治は機能不全を起こしてしまう。そのとき台頭したのは軍部です。これは言ってみれば山県的な官僚政治の巻き返しとみることもできるでしょう。

戦争が「国民」を生んだ

こうして不安定だった明治政府は、近代国家としての制度的な基盤を確立していきますが、それだけではまだ足りません。自分が国家の一員であると自覚し、時には身を捨てて国家を守る「国民」が必要なのです。憲法や議会がつくられただけでは、「国民」は生まれません。

「国民」形成の大きな契機は、やはり国外にありました。

憲法施行から四年後の一八九四（明治二十七）年、日清戦争が勃発します。これは征韓論以来ずっと持ち越しになっていた朝鮮との関係を、武力によって解決しようとしたものです。この戦争によって、大国・清に勝利した日本は「アジアの近代国家」とみなされるようになります。さらには清から得た巨額の賠償金は、政府の財政を潤し、工業化を進める原資ともなりました。

しかし、ここで注目したいのは、この戦争が「国民」を形作るための強いインパクトになったことです。約二十四万人が動員され、そのうち十七万人以上が国外に送られました。

これは兵役対象者のおよそ五％にあたります。これだけの「国民」が外国との戦争に動員されるのは、まさしく未曾有の事態でした。戦費は当時の国家予算の三倍近くにのぼっています。まさに国を挙げての戦争だったのです。また連日、戦争を報じた新聞は急激に部数を伸ばします。国民が同じ情報を共有するメディア空間が広がったのです。このとき新聞「日本」の従軍記者として、遼東半島に赴いたのが正岡子規でした。

戦争による危機意識の共有、そして戦地への動員は、国家への参加意識を一気に高めました。まさに「参加と動員」の論理です。十年後の一九〇四（明治三十七）年に始まった日露戦争では、さらにスケールアップして百万人を超える兵力が動員され、八万四千人の戦死者を出します。終戦後、ポーツマスでの講和条約に反対する集会が開かれ、日比谷焼き討ち事件に発展しますが、これこそ国民の参加意識の高まりをあらわすものでしょう。戦争によって、ナショナリズムは形成されていったのです。

やや余談めきますが、興味深いのは、この時期に「国民文学」として再発見されたのが『万葉集』だったことです。天皇から庶民まで歌を媒介につながるというイメージが、まさにナショナリズムの時代にぴったりだったのです。これも国学的ナショナリズムのひとつといえるでしょう。折しも、正岡子規が『歌よみに与ふる書』を書き、それまで和歌の規範とされてきた『古今集』を批判して、『万葉集』を称揚したのは、日清・日露の戦間期にあたる一八九八年のことでした。

第五回　南北朝正閏問題

南北朝どちらが正しかったのか？

さて、いよいよ「皇国史観」の本体ともいえる、歴史観をめぐる重大事件を取り上げていきたいと思います。そこで争われたのは、「南朝の天皇と北朝の天皇、どちらが正しいか？」でした。世に「南北朝正閏《せいじゅん》問題」と呼ばれ、歴史の解釈が国会をも揺るがす大事件に発展したのです。「正閏」の「正」とは正統、「閏」は正統の次と言いますか、正統でない、二番目のものを指します。

なぜ、これが大問題なのか？　ここでも鍵を握るのは水戸学です。

またもや歴史のおさらいになりますが、時代は鎌倉後期、後嵯峨法皇の死後、息子の後深草上皇（持明院統《じみょういんとう》）と、その弟の亀山天皇（大覚寺統）の間で主導権争いが起こります。そこで幕府が仲裁に入り、両者の系統が交互に天皇となる、という取り決めを結びました。これを「両統迭立《りょうとうてつりつ》」といいます。この体制に強い不満を抱き、鎌倉幕府を倒せば天皇を中心とした政治が実現できると考えたのが、後醍醐天皇（大覚寺統）だったのです。これに源氏の名門である足利尊氏、新田義貞などが呼応し、倒幕が実現しましたが、よく考えてみると、鎌倉幕府は尊氏らに敗北したのであって、天皇が武士勢力を打倒したわけではない。しかし、後醍醐天皇は天皇親政を実現しようと、倒幕の立役者である武士たちを不当に軽視した宮廷偏重の新体制づくり（建武の新政）を始めます。

武士たちを代表するかたちで、尊氏は後醍醐天皇と対立し、ついには彼らを京都から追い出す。京都の南、吉野に逃れたことから、後醍醐の系統は南朝と呼ばれるようになります。残った一方の持明院統は、尊氏の側につきます。こちらが北朝です。こうして一三三六年、南北朝分裂時代が始まり、一三九二年まで六十年近く続きます。決着は、足利義満のあっせんにより、南朝の後亀山天皇が吉野に持って逃げていた三種の神器を、北朝の後小松天皇に渡すことで二つの王朝は合体を果たす。その後は、北朝の系統によって皇統は受け継がれていきます。

つまり、どちらが勝者かといえば、間違いなく北朝です。明治天皇自身が北朝の天皇にほかなりません。当然、宮中は北朝正統説です。

そもそも幕末に至るまで、北朝が正統とされて、疑うものはいなかった。しかし、ここで異端の水戸学が登場します。勝ち負けよりも正しさを重視する水戸学は、「正統は南朝。しかし、三種の神器とともに北朝に移った」という論理を展開したことは、前にも述べた通りです。

厄介なのは、この異端の水戸学が、明治政府成立を支えた志士たちのイデオロギーとなってしまったことです。彼らは幕府を倒し、天皇親政の正しい世を作る、という楠木正成らのストーリーに、自らを重ね合わせました。

さらに厄介なのは、この天皇のために命をも捧げる楠公《なんこう》精神が、明治の国民道徳教育の柱のひとつとなったことでした。天皇中心の国家の成立のために、政府は、国民に天皇に対する忠誠を教え込もうとします。そのモデルとなったのが、南朝の忠臣だったのです。そんな奴反対に、足利尊氏などは天皇に弓を引いた逆臣として敵役《かたきやく》にされてしまいます。

に「尊」の字はふさわしくない、とあえて「高氏」と呼ぶようになります。

命がけで天皇を守った正成は素晴らしい。だから、正成が忠誠を誓った南朝が正しい——。こうして国民感情に深く浸透していったのは南朝正統論だったのです。

北朝の天皇を頂点に据え、その天皇への忠誠を国民に要求しながら、一方では、南朝こそが（心情的、道徳的に）正しいと教え込む。明治国家を支える歴史観は、根本にこうした矛盾をはらんでいたのです。

歴史家たちの多数意見は両統並立

では、歴史家たちはどのような結論を下していたのでしょうか。明治国家において、歴史学は実は重要な学問でした。それは国家を支えるイデオロギーづくりと直結していたからです。早くも一八六九（明治二）年には「修史の詔《みことのり》」が出され、国家事業としての正史編纂《へんさん》が命じられたのです。

ところが歴史学の確立と国家イデオロギーとは必ずしも一致しません。この編纂事業が進むにつれ、南朝イデオロギーの源ともいえる『太平記』や水戸藩の『大日本史』に対して、史料に基づく批判が行われるようになったのです。そして一八九二（明治二十五）年には、帝大教授の久米邦武の論文「神道ハ祭天ノ古俗」が神道批判と捉えられ、ついには大学を追われるという事件が起こる。翌一八九三年に、正史編纂の中止が決定され、以来、東大では正史ではなく、史料の編纂がなされるようになります。これが今に続く東大史料編纂所の原型なんですね。ちなみに、この正史編纂中止の決定を下したのは、時の文部大臣、井上毅でした。

さて、本題の南北朝問題に戻りますと、歴史学者の間にもさまざまな考えがありましたが、一応は南北朝、両方が実在したのだから、そのまま認めて両統並立というのがオーソドックスな考えとされていました。帝国大学の史料編纂掛、後の東京大学史料編纂所が現在に至るまで刊行を続けている『大日本史料』という史料集でも、南北朝にかんしては、完全に並列に書かれています。いまから考えますと、ごく穏当な結論のように思えますが、これがやがて囂々《ごうごう》たる非難を浴びてしまうのです。

火の手は校長たちから

きっかけは教科書をめぐる問題でした。

それまで尋常小学校などで扱われる教科書は、基本的には民間で作られていました。一八七二（明治五）年に、国民皆学を目指し学制が公布されますが、当初、教科書は自由に発行でき、学校も自由に採択ができました。その後、採択した教科書を申告する、あるいは認可制になる、といった時期を経て、一八八六（明治十九）年に国による教科書検定が始まります。この時点ではまだ歴史観が問題になることはありませんでした。基本的には南朝よりの記述が主流でしたが、南北朝並立も、さらには南朝を絶対化するような記述も、たくさん教科書もあることですし、そこから選べばいいだけですので、基本的には執筆者や出版社に委《ゆだ》ねられていたわけです。

それが一九〇三（明治三十六）年、小学校の教科書が国定になります。興味深いのが、この直接の引き金となったのは、国家イデオロギーとは直接関係のない汚職問題だったことです。教科書会社が、教育関係者たちに賄賂《わいろ》を贈っていたことが発覚、多くの人間が摘発されるという事件が起こったのです。

検定と国定では何が違うのか？　国定教科書ということになれば、そこに書かれていることは国家の公式見解ということになってしまうのです。ここに南北朝正閏問題の種がまかれたわけです。

それでも一九〇九（明治四十二）年の改訂までは、南北朝が並立して書かれておりました。南北朝正閏問題が本格化したのは、翌一九一〇年のことです。この年、新しい国定教科書の改訂作業が行われたのです。

そのとき文部省で歴史の教科書を編集・執筆したのは、東京帝国大学などで講師を務めていた喜田貞吉《きたさだきち》でした。喜田はのちに考古学や民俗学も取り入れ、歴史学に多くの貢献をした学者です。一九〇三年の国定教科書にも携わった喜田は、そこでも南北朝並立の立場で執筆しました。その立場は、今回の改訂でも踏襲されていました。

それに対して、追及の火の手が上がったのは教育現場からでした。たとえば小学校の校長などです。彼らは、なぜ南朝が正統だ、と書いていないのか、と激しい突き上げを食らわせてきました。それでは、これまで南朝の忠臣を模範にせよと教えてきたのは間違いだったというのか、と。

特に彼らが問題にしたのは、南北朝並立説を正しいとすると、天皇が二人いたことになってしまう、という点でした。自分たちは、天に二つの太陽があってはおかしい、天皇は唯一の主権であり、かけがえのないものだと教えてきたのであって、そこに例外は認められない、というわけです。

こうなると、問題は単なる歴史認識にはとどまりません。明治国家の基軸となる「国民」育成とリンクしてしまったのです。

「二人の天皇」という危機

さて、ここでいったん日本の歴史を俯瞰《ふかん》してみたいと思います。天皇についての問題が持ち上がる、真摯《しんし》に議論を戦わせざるを得ない事態が起こるのは、きまって国難と申しますか、国の中での乱れが深刻に意識されるときでした。

たとえば『古事記』や『日本書紀』の成立にも、その背景には国難がありました。六六三年、白村江での敗戦です。『古事記』も『日本書紀』も、どう国防体制を立て直すのか、どのように日本のアイデンティティをつくり、国家体制をどうつくり直していくのか、防御していくのか、という時代の産物であったわけです。

興味深いのは、この時代がまさに「二つの正統」の時代でもあったことです。天智天皇の死後、天智の弟の大海人《おおあま》皇子と、天智の子である大友皇子が並び立ち、天皇の座を争った壬申《じんしん》の乱（六七二年）。この古代最大の政争を乗り越えていくときに、『古事記』や『日本書紀』といった「正統をめぐる物語」が必要となったのです。

時代がずっとくだって、武家政権交代の時期に、またもや天皇が二人出現することになります。源平の争いの中で、幼い安徳天皇が平家とともに西国に逃げます。そのとき、後白河法皇は勝手に後鳥羽天皇を即位させてしまう。その結果、二年間も二人の天皇が併存することになるのです。

この二君が並立した源平の争いのあとも、やはり「正統をめぐる物語」がつくられました。ご存じ「祇園精舎《ぎおんしょうじゃ》の鐘の声」で始まる『平家物語』ですね。同様に、南北朝の争いののちには、『太平記』がつくられ、どちらも語り物として広く人々に伝わり、愛されていきます。

のちに南北朝正閏問題に巻き込まれた喜田は面白い指摘をしています。南北朝の並立が問題ならば、なぜ後鳥羽天皇は問題にならないのか、と。これを突き詰めると、単に平家が悪役だから嫌いで、楠公は正義の味方だから好き、という単なる好き嫌いの問題になってしまうのではないか、というわけですが、実はこれこそ的を射た議論でしょう。南北朝の問題は、実は正義かどうかという問題でもなく、好き嫌い、言い換えれば国民の美学の問題なのです。

本来ならば、主力である楠木正成が死んでしまっては、もう南朝はおしまいです。あくまでも南朝の勝利を勝ち取ることが忠誠であれば、正成の死は自分勝手とさえいえる。しかし、勝ち負けを超越して、忠誠を尽くして死んでいったものが美しいという『太平記』の思想のほうが、日本の人々の心をとらえていくのです。むしろ国民の天皇観、歴史観、正統観のベースとなったのは、こうした『平家物語』や『太平記』などの物語であり、そこで語られる心情、美意識だったといえるでしょう。

大逆事件との関係

このように、「天皇が二人いる」という事態は、日本史上でも特筆すべき危機的状況でした。では、なぜこうした問題が明治の末期に噴出したのでしょうか。

この南北朝正閏問題を、さらに大きくしたのは、折しもこの時期に起きた大逆事件でした。一九一〇（明治四十三）年五月、社会主義者たち四人による明治天皇暗殺計画が発覚、逮捕されます。天皇そのものがテロの対象となるという、明治国家始まって以来の事態が出来《しゅつたい》するのです。それだけに明治政府の反応も激烈なものになりました。この事件を機に政府は社会主義者、無政府主義者の徹底的な弾圧を開始します。逮捕・検挙者数百名、そのうち二十四名が、一九一一年一月に、死刑を宣告されました。このとき大審院検事として弾圧を主導した一人が、一九三九（昭和十四）年に首相となり東京裁判で終身禁錮《きんこ》となる平沼騏《き》一郎《いちろう》です。

この大逆事件に巻き込まれ、実際のテロ計画とはほとんど関係がないのに死刑となったのが、日本の社会主義運動を牽引していた幸徳秋水でした。秋水は法廷で「今の天皇は南朝の天子を殺して三種の神器を奪い取った北朝の天子の子孫ではないか」と発言したとも伝えられています。この発言が事実だとすると、秋水は南朝正統説に立っていたことになりますが、それ以上に重要なのは、この時期、日本社会に不穏な空気が強まり、それが天皇という存在の持続性を不安定化することとも結びついていたことです。

これは二重の意味の危機でした。ひとつは社会主義運動の先鋭化です。

近代化が進んで、日本社会のなかに新しい歪みが生じる。その矛盾を問題とする社会主義運動が活発化するなかで、一部は過激化し、その矛先のひとつは、明治国家の頂点たる天皇にも向けられるようになったのです。

幸徳秋水は一九〇五（明治三十八）年にアメリカに渡り、当地で社会革命党を結成しましたが、そこでの活動は日本以上に過激なものでした。有名なのは一九〇七年十一月、サンフランシスコの日本総領事館に貼りだされた「日本皇帝睦仁《むつひと》君に与ふ」と題する檄文《げきぶん》です。これは、自らを「無政府党暗殺主義者」と名乗り、「憐《あわ》れなる睦仁君足下、足下の命や旦夕《たんせき》にせまれり、爆裂弾は足下の周囲にありて、まさに破裂せんとしつつあり」と結ばれるなど、明治天皇暗殺をほのめかす内容でした。幸徳秋水自身も、アメリカで「たった一人を贅沢に暮らさせるために、百万の民衆がいつも貧困と飢餓に泣いている」という趣旨のことを記すなど、天皇制転覆やむなしといった方向に傾いてきていた。

こうした動きは明治天皇にも伝わり、社会主義者を何とか厳しく取り締まってほしいと政府に仰せられた、という内容の記述が『原敬日記《はらたかし》』に残されています。

もうひとつ見逃せないのは、そうした社会主義への恐怖を、政府が妄想的に勝手に膨らませて、そこから反転させて、たがのゆるんできた明治国家を引き締めるための道具立てに使っていったことです。政府を転覆させようとする社会主義者たちがあちこちに潜んでいる、天皇さえもテロの対象としている、そして彼らは北朝である天皇の正統性を否定している――。明治政府はこうした恐怖をかきたて、弾圧を正当化することで、一気に秩序の回復をはかろうとした。それが大逆事件の構図だったといえるでしょう。

伊藤博文が一九〇九（明治四十二）年十月、安重根によって暗殺されると、山県有朋はひとり政府の最高実力者の地位を固めます。その山県肝いりで行ったのが、大逆事件を契機とした反政府勢力の弾圧だったのです。なんだかリメイク版の安政の大獄を観ているようですね。

このように世情が不安定化していった最大の要因は何かといえば、私はやはり日露戦争だったと考えます。一九〇四（明治三十七）年から翌一九〇五年にかけて行われたこの戦争では、前回の講義でも述べたように、約八万四千人という、日清戦争とは文字通り桁違いの戦死者を出します。彼らは天皇が統帥権を持つ軍隊として戦い、天皇のために命を賭したわけです。それにもかかわらず、待っていたのは、日清戦争に比べ、国民にとって十分とは思えない講和内容でした。日露戦争が終わって、もうあれほどの緊張を強《し》いられることはない、言い換えれば国家にあれほど密着することはない、という解放感と空虚感が生まれたことは間違いありません。さらには、戦争によって大きな犠牲を引き受けた人々にとって、天皇は本当に自分たちの「忠誠」に報いてくれるのか？　という疑問が生じたとしても不思議ではないでしょう。

それに対して、「国民の精神を改めて引き締めなおす」という動きも起こります。そうしたリアクションが、教科書の国定化の問題であり、大逆事件に伴う大量逮捕・検挙だったわけです

こうして考えてくると、なぜ小学校の校長たちがあれほど執拗《しつよう》に喜田を追及したのかも見えてきます。

天皇は一人であってはじめて、（楠木正成のように）命を賭けることが可能になります。

天皇が二人いて、どちらが正しいのかわからなくては、国民は戦えないのです。つまり、それは命を賭けるような強いコミットメントを可能にする、強力なシンボルをくれという国民側からの要求でもあったのです。

一方、幸徳秋水ら社会主義者たちの台頭が象徴していたのは、死地に連れていかれ、犬死にさせられるようなコミットメントはもう嫌だ、無理だという国民の拒否感でした。両者は実は表裏一体のものです。大逆事件と南北朝正閏問題の時代とは、そうした時代だったのです。

帝国議会が紛糾

では、南北朝正閏問題の顚末に戻りましょう。

こうした不安定な空気が、そもそもは教科書の記述をめぐる論争だった南北朝正閏問題をどんどん膨らませていきます。一九一一（明治四十四）年になると、この問題はついに国会にまで持ち出され、政党による政府攻撃の材料とされるのです。

この年の二月、衆議院に質問書が提出されます。その内容は、「文部省は南朝の士楠木正成以下を忠臣にあらず、とするのか」、「文部省が編纂にかかわった尋常小学校用の日本歴史は、順逆正邪を誤り、皇室の尊厳を傷つけるものではないか」といった趣旨のものでした。提出したのは、無所属の衆議院議員だった藤沢元造。その父、南岳は、門弟千人といわれ、仕えていた高松藩を説き伏せ、尊皇派に転換させるなど、幕末に活躍した儒学者でした。藤沢がこの問題に着目したのも、彼が儒教的な正統論に深くコミットしていたからでしょう。

これに便乗したのが、犬養毅率いる立憲国民党でした。なんとか桂内閣を打倒しようとしていた立憲国民党は、この問題を帝国議会で取り上げようとします。それに対して、首相の桂太郎は藤沢の抱き込みをはかり、藤沢が質問書の撤回を言い出したり、議員も辞職するなど、事態はますます紛糾します。

このあたりの経緯を取り上げているのが、松本清張の『小説東京帝国大学』です。この小説は実際に起きた事件をもとに、怪しげな新興宗教の教祖（実在しました）が登場したり、さまざまな陰謀が展開するなど、虚実入り乱れるというよりも、歴史の闇の部分を清張一流の推理をめぐらせて描いていて、無類に面白い。興味のある方には一読をお勧めいたします。

下の価値観が上を呑み込む

ここで興味深いのは、山県有朋の関与です。首相の桂太郎ははじめ「この問題は学者に任せておけばいい」というくらいに考えていたのですが、山県は激高して、桂に事態の収拾を命じます。

では、山県の立場はどうだったかというと、徹底した南朝正統説だったのです。その理由のひとつは、まさしく志士の論理です。自分は国事に身を投じて以来、何より大義名分を重んじていた。逆臣を憎んだ義士が足利尊氏の像の首をはねたとき、彼らを処刑から救ったのは、わが主君、毛利公である云々《うんぬん》と、桂を叱責し、南朝正統で話をまとめるように迫ります。その結果、喜田は休職に追い込まれ、明治天皇自身が南朝正統を認めるという形で決着をみます。

しかし、私は山県が南朝を支持したのには、もうひとつ理由があると思います。それは山県が抱いていた国民観です。山県の基本にあるのは愚民思想です。国民は愚かだから、国家に従順に従うよう、徹底的に教育しなくてはならない。愚民だから、社会主義者たちの扇動にも乗ってしまう危険性がある。だから弾圧する。

そこから考えていくと、南北朝並立論などは複雑すぎて、国民に理解できるはずがない、ということになる。楠公は偉い、だから南朝が正しいという単純明快な立場を示せばいい、というわけです。そのために、北朝である明治天皇に南朝が正しいと言わせるのも、山県らしいですね。天皇を「玉」として扱った志士の態度を思わせます。

さらにいえば、やはり決定的なのは、山県が陸軍を基盤としていたことでしょう。前回にも述べたように、山県の政治とはエリート官僚による行政独裁です。陸軍もまさにエリートが支配する官僚組織なのですが、同時に陸軍とは、最も多くの国民を兵士として抱えざるを得ない組織でもある。大衆の参加と支持なしには成り立たないのです。それは、先ほど論じた「天皇は一人でなければ、国民は戦えない」という問題と深く絡みあっています。

南北朝正閏問題は、見方を変えると、エリートと大衆の対立でもありました。現実の支配体制に近いエリート層は、現状追認の北朝か、価値中立的で史実に基づく南北朝並立を支持するのに対し、大衆、すなわち明治以降、急速に〝育成〟された「国民」は南朝を支持している。山県がただちに南朝支持を打ち出した要因のひとつは、そうした国民統治のリアリズムによるものだった可能性が高いと考えるのです。

こう考えてくると、この南北朝正閏問題で起きていた事態は、実は凄いことだったとわかります。つまり明治天皇自身も含め、国の上層部が信じていること（いまの天皇が正統を体現しているから北朝が正統）と、国民の多数が信じていること（楠木正成が立派だから、南朝が正統）が乖離《かいり》した結果、下の価値観が上を呑み込んでしまった。ある意味で、天皇の意思さえも超えてしまった。これが国民国家の恐ろしさなのです。

もうひとつ興味深いのは、この南北朝正閏問題が帝国議会を騒がせた翌年、明治天皇が崩御していることです（一九一二年七月三十日）。そして時代は大正へと移っていく。そうした大きな節目に起きた事件だったのです。

最後に余談をひとつ。いま、お手元の歴史年表などを開いて、天皇の系図などを見てください。光厳天皇から後円融天皇までは北一〜北五などと数字がふられています。九十六代の後醍醐天皇から九十九代の後亀山天皇まで、正式な天皇と認められているのは南朝の天皇のほうです。実は、いまも私たちは南朝が正統であるという歴史観を生きているのです。

第六回　天皇機関説事件

主権説と機関説

さて、時代は明治から一気に昭和へ飛びます。今回は一九三五（昭和十）年におきた天皇機関説事件を取り上げたいと思います。この事件は、天皇を憲法の中でどのように位置づけるか、もっといえば天皇とは日本という国家にとっていかなる存在なのかが、改めて争われた事件だったということができるでしょう。私の考えでは、この争いは、議会、政党、そして国民が、新しい権力闘争への参加者として成長してきた過程で起きたものです。したがって、天皇機関説事件を知れば、明治の終わりから大正、昭和初期に至る政治史が見えてくる――ことになりますかどうか。講義を始めてみたいと思います。

そもそも天皇機関説とは何か？　明治憲法と天皇の関係、憲法における天皇の位置づけについては、法学者たちの間で解釈が分かれていました。大きく言えば、天皇主権説と天皇機関説です。その最大の違いは、天皇主権説は文字通り、統治権（主権）は天皇にあるという考え方。天皇機関説は統治権が国家にあるという考え方です。

天皇主権説では、天皇が国の根本であり、すべてを定める権力を保有すると考える。しかも考え方の根本に近代西洋の憲法思想を否定してしまっているところがあります。主権というのは憲法制定権力でもあり、日本国憲法なら国民の名において定められたから国民主権で、大日本帝国憲法は欽定憲法だから天皇主権だというふうにもいえるわけですが、国民主権でも天皇主権でも、誰が憲法を定めたとしても、一回憲法が出来てしまえば、その憲法に定めてあることに従わねばならない。それが立憲主義で、憲法を立てるとはそういうことだと、西洋近代流には必ず思える。ところが近代日本の天皇主権説は、その開祖といえる穂積八束《ほづみやつか》の説によると、憲法が出来た後も、天皇は憲法を超越していると説く。天皇は憲法の外にあって、憲法に縛られることはなく、憲法を超えて、国家に君臨できる。

つまり天皇主権説とは、天皇が憲法で定められた主権者であるといいたいのではなく、憲法も従えた圧倒的統治者であり、絶対者であるといいたいわけです。その権力の源は、といえば、皇祖皇宗より引き継がれたものだということになりますから、一種の王権神授説でもあり、神話、伝統、歴史が決め手となる。だからこそ、前回みたように南北朝のどちらが正統かという問題もとても大事になってくる。穂積の弟子の上杉慎吉《うえすぎしんきち》が、この説を受け継いで昭和につながってゆきます。

この説だと天皇は国家にも憲法にも縛られない絶対的自由人でありますから、当然ながら内閣などの輔弼に必ずしも従う必要はない。いざというときは内閣も議会もそっちのけでやりたい放題して構わないし、軍隊にも好きなように命令してよい。そういうことになります。

それに対し、主権は国家にあり、天皇はそれを行使する国家の最高機関である、と考えるのが天皇機関説です。この説を唱えた一木喜徳郎《いちききとくろう》や、のちに機関説事件の主役となる美濃部達吉《みのべたつきち》は、国家を法人として捉えました。国家や会社などは人間ではありませんが、法的主体たりうるというのが「法人」の考え方です。そして天皇は、内閣や議会や裁判所、軍隊などの国家の諸機関の頂点にあるひとつの機関、部品といっても同じだと思いますが、とにかくパーツとして、国家の権利（統治権）を行使すると考えたのです。もちろん天皇は憲法に縛られて、決まった土俵の上にのってすべてを行わねばならず、はみ出して勝手をすることは許されない。寸法も性能も全部憲法で決まった、あくまで機関なのです。会社という法人が持つ権利を行使する最高責任者が社長（代表取締役）であるように、国家の社長さんの役を担うのが天皇です。そして、内閣や議会などは機関として、天皇を輔弼《ほひつ》する。輔弼はどうでもいいことではなく重みのあることで、天皇も機関なら、輔弼する内閣も立派な機関ですから、尊重されなければならない。これが機関説です。

といっても、根本の理屈を前に出して考えますと、主権説と機関説は実質的には大して違いを生まないともいえます。天皇主権と、古代中国や近世ヨーロッパの専制皇帝、絶対君主を重ねて考えるならば、憲法があろうがなかろうが何をやっても、「朕は国家なり」で許されてしまう恣意的独裁が可能になるともいえる。でも、天皇主権が、天皇は憲法上の規定に関係なく、黙って微笑んでよきにはからえといっているものだという日本伝統の天皇政治観とつながれば、極端にいうと、天皇主権説に立つが天皇は何も決断せぬもので、憲法で定められた国家の諸機関に政治を委託している、輔弼に任せるということでも、矛盾しないのです。

一方、機関説は、天皇は憲法に定められた国家の機関のひとつだということを主張するのだけれども、その天皇という機関はポーカーフェイスでいるものなのか、自ら積極的に統治するものなのかは、どちらの形もとりうるのです。何しろ憲法に万世一系の天皇が日本を統治すると書いてあるのだから、つまり統治する主体的機関ともみなせるのだから、あとは輔弼とのバランスでしょう。統治する機関が、自分の方が上位であるから、輔弼する機関を無視してラディカルに突き進んでも問題ないという解釈は、理屈として、天皇機関説の側にもありうるのです。

要するに、おとなしい天皇主権説もありうるし、コワモテの天皇機関説もありうるから、政治の実質の問題としては、主権説と機関説を対比すれば、はっきり白黒が付いてくるわけではない、ということに、理論上はなります。

ところが、やはり歴史の中の天皇主権説と天皇機関説はそういうものではありませんでした。それぞれの根本の理屈の上に、さらにそれぞれの独特の解釈、入れ込みたい価値観が加わってこそ、実際の天皇主権説と天皇機関説が歴史の中で機能し、日本近代史の重要なアクターになってくる。

天皇主権説は、天皇が最大限に勝手をやれるのが当たり前で、その天皇に距離の近い行政部が民選議会よりもずっと偉いという価値判断と強く結びついたものとして、歴史の中に現れてくる。天皇機関説の方はというと、天皇という国家を統治する機関は、一君万民ですから、万民の意思を鏡のように映して統治するのがよく、したがって天皇が自分の意思で統治するのは邪道で、天皇の意思は国会で作られ、国会で決まった法に従って行政の行為はなされるというわけです。極端な言い方をすると天皇は意思無き機関で、意思のある機関は衆議院であり貴族院であるという。そういう価値判断が付いて、天皇機関説は歴史の中に出てくるのです。天皇が憲法超越的か立憲的か、主体的か客体的か。それから国家の三権のうち行政が強いのか議会が強いのか。それらの組み合わせによって、天皇主権説と天皇機関説の歴史の中での意味がはじめて分かってくるのです。

ここで確認しておきますと、興味深いのは主権説に立つ穂積、上杉も、機関説の一木、美濃部も、ともに東京帝国大学の教授だったことです。どちらかが在野の異端ということではまったくない。つまり国家に思想を提供すべき立場の東京帝大自体が二つの学説に割れていた。これは、時の権力者たちの考えも大きく対立していたからです。

明治憲法のスタート時において明治国家として主流の解釈といえたのは、天皇主権説でした。憲法制定とともに議会が発足しますが、藩閥政治家や官僚たちは、これまでのように、自分たちで勝手に政治を行いたい。議会の力を封じ込めたい。これを、内閣は超然と議会の外にあるという意味で「超然主義」といいます。「政府は主権者である天皇に直接輔弼をするのであって、議会・政党などの意向は関係ない」というふうに理論武装する。衆議院の議員は選挙で臣民に選ばれているにすぎないが、大臣は天皇に任命されるのだし、高級官僚も天皇の名において任じられている。その天皇は、行政が立法から超然としているように、憲法から超然としている。むろん行政部は憲法に規定された存在なのだけれども、憲法を超越した天皇の下にじかについているというイメージによって、行政が特別な自負心を持てるようになる。行政は憲法をないがしろにするわけではむろんないけれども、憲法を自ら定めて憲法をも相対化できるかのような憲法の上に立つ天皇の直属の子分のような顔をして、何が衆議院だ、おまえたちは憲法に規定されているだけで陛下と直接つながっていないだろう、しょせんは「衆」の議院の議員だと、見下せるわけです。

超然主義が成立するのは、けっきょく天皇に対して行政と議会が憲法上、どちらの方が近いのかという問題で、近い方がより偉いという前提があって、その天皇が憲法を超越していると考えられると、行政はますます偉くなる。これは明治国家とは立憲的で民主的な議会政治の国家なのか、いざというときはかなり立憲主義をないがしろにできる専制的行政国家なのかという根本の問題につながる。

そして先走りますが、ここでポイントを確認しておきますと、狭義のいわゆる皇国史観とは、立憲主義を乗り越えた天皇の超越性を主張したいときに前に立ってくる歴史観なのです。

それに対して、はじめは超然主義に賛成していた伊藤博文は、やがて議会を軸にして、伊藤の抱懐する将来構想を実現できる政党を作ればいい、と立場を変えます。こうした伊藤の構想と、天皇機関説はとてもマッチしたのです。

前にも述べたように、憲法、議会をつくることを主導した伊藤博文は、天皇を実際の政治から切り離し、内閣や議会などが連携して、統治をおこなう国家システムを考えていました。

「朕は国家なり」が強調されすぎ、天皇個人の気持ちや顔色をいつも皆が窺《うかが》い、それを忖《そん》度《たく》する国家では、行政部も立法部も常に萎縮したままで、天皇の近くの側用人的な人々がはびこりやすくもなり、機能的な近代国家は成り立ちにくい。幕末には孝明天皇の言説によって、幕府も薩長も右往左往していた。その記憶は伊藤には生々しいものでした。したがって、天皇の威光で日本全体に、たとえば徴兵されれば国民が文句を言わずに戦場に赴き死んでくれるような、動員を充足する国家を作りつつ、天皇の意思は常に抑制され、下々《しもじも》が天皇を飼い慣らしておくという、とんでもない語義矛盾ですが、そういう国家が伊藤の国家です。だいたい、輔弼もあるけれど結局いつも天皇が個人の意思を積極的に示して決断しているのが明治憲法体制の実質だと、みんなが思ってしまったら、たとえば戦争をやって負けたとき、文句なく天皇の責任になります。そこで王政復古の明治維新は潰れてしまうかもしれない。

それに対し、天皇は基本的に自分では政治意思を積極的に示さない機関なのだという意味での天皇機関説に立てば、憲法がある限り、天皇は淡々としたニュートラルな機関として永続しそうな雰囲気を保ちやすいですし、しかも天皇無答責だから、下の者がフリーハンドで政治を動かせると同時に、たとえ戦争に負けても、臣下の輔弼が悪かったということで、天皇は生き残る。つまり伊藤のデザインによって、敗戦にも東京裁判にも対応できたことになります。

その意味で、一九一二年の明治天皇の崩御は、ひとつの大きな転機だったかもしれません。カリスマ的な力をつけてきた明治天皇がいなくなっても、憲法にのっとった機関説的な思想で、天皇を引き継いでいけばいいんだ、システムとしては永続するんだ、と。そして、もう一方で行われたのは、明治天皇の神格化でした。明治神宮の建立ですね。広大な荒れ地に、全国の青年団など延べ十一万人もの国民が自発的に参加して植樹したりして、あれだけの杜《もり》を造り上げ、明治天皇を神として祀《まつ》ったわけです。つまり、明治天皇の死という危機に対処するため、機関説的なシステムによる皇統の継承と、主権説的な、現人神としての顕彰装置づくりを同時に行ったのです。

エリートたちは機関説を学んだ

さて、こうして憲法解釈の主流は天皇機関説へと移っていきます。その最大の理由は議会政治の定着でしょう。

立法・予算案の議決権を握っている議会が力をつけていくと、行政権力である政府もそれに対応せざるを得ません。力で抑え込むか、協調するか。力で抑え込むにはさまざまなコストがかかる。こうして官僚と政党とが互いに妥協しないと、政治が前に進まなくなります。

大正後期から昭和前期の首相をみていくと、加藤高明、若槻《わかつき》礼次郎、田中義一、浜口雄《お》幸《さち》、犬養毅となります。いずれも政党の代表であることはもちろんですが、最後の犬養毅と軍人の田中義一を除くと、みんな官僚経験者で、かつ東京帝国大学出身でした。若槻、浜口はともに大蔵次官を務めています。吉田茂や岸信介、池田勇人、佐藤栄作といった戦後日本の総理たちもそうでしたが、彼らは政党政治家であると同時に官僚政治家でもあったのです。

政府と議会の妥協が必要になると、天皇をさまざまな機関が支えるという天皇機関説のほうが説明しやすくなります。美濃部の師匠にあたる一木喜徳郎は東京帝国大学教授から、法制局長官、文部大臣、内務大臣、枢密院議長といった要職を歴任しますが、一九二五（大正十四）年から一九三三（昭和八）年にかけては宮内大臣を務め、その後も、昭和天皇の側近として重用されます。機関説は宮中でも公式見解として認められていたといえるでしょう。

さらに一木を継いで東京帝大で憲法を教えた美濃部達吉は、筋金入りの議会主義者でした。大正から昭和のはじめに書かれた彼の政治論説を読むと、もう徹底的に政党政治を擁護し、軍や官僚の横槍は許さない、といった思いに溢れています。

美濃部は、天皇が与党の党首を総理大臣として指名するのは「憲政の常道」であるとともに、「万機公論ニ決スヘシ」という五箇条の御誓文の精神の実現である、と考えました。実際、大正期の政党、たとえば立憲政友会の党員手帳などをみると、冒頭に「万機公論に決すべし」といった文言が掲げられている。政党政治の守り本尊は五箇条の御誓文だったのです。天皇は統治するのだけれど、その内容は天皇自身からではなく、あくまでも輔弼によって生まれる。そして、それを決めるのは「万機公論」、すなわち議会です。つまり、天皇の意志は議会がつくるんだ、と美濃部は説いた。天皇の「輔弼」の論理を、事実上の議院内閣制へと読み替えていったのです。

たとえば憲法の「天皇は神聖にして侵すべからず」も、穂積や上杉らの主権説では、文字通り、天皇は神のごとき存在だと読むのですが、美濃部は、これは不逮捕特権などをあらわしたものに過ぎない、と読み替えていく。

こうして美濃部らの天皇機関説は、政党政治の台頭とともに、政府や大学などで公式見解となっていきました。官僚たちを選抜する高等文官試験でも、機関説にしたがって答案を書かなければ不合格。美濃部の著作は教科書としてエリートたちに広く読まれていました。多くの政治家たちも、官僚たちも、天皇機関説が間違っているなどとは夢にも思っていなかったのです。その意味では、憲法の解釈は機関説でよいと明言した昭和天皇自身も、まさにエリートの論理を身につけていたといえるでしょう。

ところが、その美濃部が議会において、「謀叛」「叛逆」との批判を浴び、ついには貴族院議員も辞せざるを得ない事態に追い込まれていくのです。それが「天皇機関説事件」です。

急先鋒は「南朝功臣」の子孫

まずは事件の概要をみてみましょう。一九三五（昭和十）年二月、貴族院本会議の質疑で、菊池武夫議員が天皇機関説を「緩慢なる謀叛」「明《あきら》かなる反逆」と攻撃を開始したのです。

実は、これには〝前哨戦〟ともいうべき事件がありました。それも歴史をめぐる問題でした。前年の一九三四年、菊池は、当時の商工大臣、中島久万吉《くまきち》が発表した足利尊氏に関する文章を取り上げ、逆臣である尊氏を礼賛する人物が大臣として天皇を輔弼するのはおかしい、と糾弾し、斎藤実《まこと》首相に、中島の罷免《ひめん》を迫ったのです。斎藤首相は罷免にはあたらない、という趣旨の答弁をしましたが、右翼からの攻撃は激しさを増し、とうとう中島は大臣を辞任してしまいます。

この菊池は陸軍出身で、日露戦争に参加、奉天特務機関長などを務めた人物です。南北朝時代、菊池氏は熊本で後醍醐天皇側について戦ったために、明治になり、南朝の功臣の子孫だということで華族に列せられていました。いわゆる「国体明徴《めいちょう》運動」の旗振り役の一人でした。

菊池たちがどこまで天皇機関説を理解していたかは定かではありません。のちに美濃部に浴びせられた攻撃のなかには、「天皇を機関車や機関銃と同一視しておるのがけしからん」などというものもあったくらいです。

貴族院議員だった美濃部は議会で釈明――いわゆる「一身上の弁明」と呼ばれる演説を行います。そこで美濃部は「天皇は法人である国家の元首である」と自説を整然と論じましたが、今度は衆議院議員の江藤源九郎が美濃部を不敬罪で告発します。江藤は江藤新平の甥にあたり、やはり陸軍出身で、日露戦争に出征し少将で退役していました。これは起訴猶予に終わりますが、貴族院、衆議院では「政教刷新」「国体明徴」が決議されるのです。

さらに内務省は『逐条憲法精義』など著書三冊を発禁処分にし、文部省は国体の本義をいっそう明徴にするよう訓令を発します。

当時の総理は、海軍出身の岡田啓介でした。当初は「この問題は学者に委ねるべきだ」という立場を取っていた岡田内閣でしたが、機関説への攻撃が強まる中、一九三五年八月と十月には、あらためて「天皇機関説は国体の本義にもとる」と機関説否定の声明を出し、機関説を教えることも禁じてしまうのです。

同年九月に美濃部は貴族院議員を辞職。一九三七（昭和十二）年には文部省が「大日本帝国は、万世一系の天皇皇祖の神勅を奉じて永遠にこれを統治し給ふ。これ、我が万古不易の国体である」で始まる『国体の本義』を刊行します。

こうして憲法解釈の主流であったはずの天皇機関説は、あっという間に否定されてしまったのです。

台頭する「国民」

ここで興味深いのは、天皇機関説は学説上の論争で論破されたわけではない、という点です。たとえば天皇主権説の上杉慎吉と大論争を繰り広げた末に、美濃部が敗れた、というのであれば、まだ話はわかります。しかし、美濃部を葬ったのは、およそ法学的な議論とはいえない、感情的な攻撃でした。

この構図は、前回紹介した南北朝正閏問題と似ています。つまり、専門家＝エリートの間で共有されていた常識（北朝正統、天皇機関説）と、国民＝大衆を統合するために提示してきたストーリー（南朝の忠臣への共感、天皇の絶対化）の間にもともとズレがあった。そして、そのズレが顕在化したとき、エリートの常識が大衆のストーリーに妥協せざるを得なくなったわけです。

なぜ、そうなったのか？　これもいろいろな要因を挙げることはできますが、最も根本にあるのは国民の力が向上してきたことでしょう。

ベースには民間経済の発展があり、教育水準も上がっていきます。尋常小学校のみならず、高等小学校や中学校まで進む人も少しずつ増えてきた。新聞などのメディアの発達も、国民の情報力、政治を判断する力を高めていきます。一八九〇（明治二十三）年に第一回帝国議会が開かれてから、一九二八（昭和三）年、初めて普通選挙法による衆議院選挙が実施されるまで、四十年近く、議会による政治の経験も重ねてきました。伊藤博文のプラン通り、それまでの開発独裁的な、特定の藩閥政治家が政治を仕切るやり方ではなく、議会と政党によって民意を反映させるかたちに、ある意味では急速に移行させてきたのです。

そして、国民のパワーの向上において、最も強力な推進力となったのは、この講義で、繰り返し強調していますが、戦争です。

そもそも普通選挙を求める、いわゆる普選運動を突き動かしたのも、民主主義の理念の実現などではない、もっとリアルな権力への要求でした。国民は兵役などの義務を負い、国家を守るために戦場へ駆り立てられます。その血の代償として、もっと自分たちに責任を持たせろ、政治に参加させろという運動でした。まさに参加と動員の論理です。それは日本という国家は命がけで守るに値するのだ、というナショナリズムでもありました。だから、普選運動はいわゆる右翼とも深く結びついている。

「国民の力」の急成長は、明るい側面だけではありませんでした。国民の力といっても、力は力。きれいごとではない、破壊的な側面も持っています。

それがリアルな暴力として噴出したのが、日比谷焼き討ち事件や、大逆事件に象徴されるさまざまなテロ事件でしょう。一九二三（大正十二）年の関東大震災における自警団による朝鮮人の殺害なども、そこには含まれます。

天皇機関説事件も、そうした「下からの暴発」のひとつとして捉えることができるでしょう。この事件をきっかけとして大学粛正運動が起こりますが、そのリーダー的存在となったのが蓑田胸喜《みのだむねき》でした。彼らが敵視し、徹底的に潰そうとしたのは、リベラル系の学者、合理主義、自由主義、個人主義をバックボーンとする政治家や財界人、すなわち今日風にいえば「上級国民」です。美濃部が説き、帝大生が学んだ天皇機関説は、天皇が神であることを否定し、自分たちが天皇から権力を奪うために「上級国民」の唱えるまやかしだ、というわけです。

もっといえば、議会政治自体も、多数を占めたほうの意見を正当化し、強制的に少数者を排除するという「力」でもあるのです。南北朝正閏問題、天皇機関説事件が、議会を舞台に起きたことは偶然ではありません。議会の力がテコとなって、喜田貞吉や美濃部達吉の言説は力ずくで封じ込められたのです。

そもそも政党政治とは、きれいごとでは済まない権力闘争の集積です。離合集散、他党への攻撃、買収、選挙違反、そして汚職。普通選挙によって、選挙の規模が飛躍的に拡大し、それに伴う費用も跳ね上がる。金権政治との非難が高まっていきます。

政党内閣の終焉

それでも国民は政党政治に期待しました。その期待を一気にしぼませたのが、一九二九（昭和四）年に発生した世界大恐慌であり、それに続く昭和恐慌でした。

恐慌で輸出は大打撃を受け、株価は暴落、多くの企業が倒産し、二百五十万人を超える失業者が町に溢れます。それに対し、時の民政党内閣は何ら有効な手を打てず、かえって金解禁をおこなったりして、ますます不況を激化させてしまった。失敗した民政党にかわって、今度は犬養毅率いる政友会が政権の座に就くのですが、そもそも不況は、日本だけでなく、世界経済全体が手詰まりになったから起きているので、政権交代したところで、急に結果が出るわけもありません。これは現在の日本にもあてはまるかもしれませんね。

ところがそこが政党政治の難しさで、選挙に勝つためには、野党側は「与党の政策が悪いから日本は行き詰まっているんだ。自分たちが政権をとり、政策転換を行ったら、すぐに良くなる」と国民に訴えるわけです。そうしたポピュリズム的な手法をとるしかない。しかし、政権交代が起こっても経済は回復せず、公約は空手形に終わってしまう。国民は期待を裏切られ、怒りを募らせていく。政党政治が支持を失っていった最大の要因は、そこにあったと思います。

そこで起きたのが一九三二(昭和七)年の五・一五事件でした。犬養首相は暗殺され、その後、敗戦に至るまで、政党によって内閣が組織されることはありませんでした。

天皇機関説事件が起きた一九三五年当時の内閣が、岡田内閣だったことを思い出してください。もはや政党内閣の時代ではありませんでした。岡田内閣自体は、政党からも軍部からも距離を置いた中間内閣を目指しましたが、猛烈な機関説バッシングを繰り返す右派の〝民意〟に抗することができなかったのです。

「衆」と「番」でいえば、「衆」の政党政治が破綻したあとは、ふたたび「番」＝官僚組織が表に出てくる。なかでも最強の「番」が軍部であり、ことに陸軍だったわけです。

その陸軍では、機関説事件で美濃部が議会から追放された翌年、二・二六事件が起こります。この青年将校の反乱は、陸軍が抱え込んだ兵士という大衆に突き動かされたものだったという解釈も可能でしょう。そして、事件後の陸軍ではより官僚色の強い統制派が主導権を握っていくのです。

「機関」では総力戦は戦えない？

もうひとつ背景として忘れてはならないのが「総力戦」の問題です。一九一九年にようやく講和の成立した第一次世界大戦は、それまでとは異質の戦争になりました。空襲により、普通の国民も殺戮《さつりく》の対象となる。潜水艦による通商破壊で、国全体が飢餓状態に追い込まれる。戦争はもはや軍隊と軍隊のぶつかり合いではなく、工業力や経済力も含めた、国家全体を巻き込んだ戦いとなったのです。日本において、総力戦体制の構築を主導したのは、一九三四（昭和九）年に陸軍省軍務局長に就任した永田鉄山でした。この年、陸軍は、総力戦に備えた国防国家の建設を提唱する『国防の本義と其《その》強化の提唱』というパンフレットを刊行します。

それでは、国民のすべての力を動員するためにはどうしたらよいのか？　大きくいって二つの方法が考えられます。すなわち民主主義とイデオロギーです。

民主主義は、おなじみの参加と動員の原理です。国民に、持てる力を自発的に、国家へと結集させるために、彼らの発言権、決定権を増大させ、責任意識を育てる。日本の普選運動も、こうした総力戦体制への流れに位置付けることができるでしょう。第一次世界大戦では、アメリカ、イギリス、フランスといった、国民がより政治に参加している国が勝利しています。ドイツ帝国、オスマン帝国、そしてロシア帝国といった、上からの支配が強かった国が敗北するか、戦争の途中で崩壊しました。王朝そのものがなくなってしまった。

そしてもうひとつが、国民を束ねる強烈なイデオロギーを掲げることです。この典型がソ連でしょう。共産主義を求心力の核として、第二次世界大戦で国民をあの悲惨な独ソ戦に駆り立てていった。相手のドイツのナチズムも同様です。

では、日本でそうした求心力を持つイデオロギー、国民を束ねる力になりえたのは何か、といえば、やはり天皇しかなかった、と私は考えます。国民に命をかけさせるためには、非常時には絶対的な天皇のもとに結集し、忠義を尽くすことが美しい、という国民感情に訴えるほかなかった。

外からの脅威＋天皇への忠誠の美学によって国を一枚岩にする。この構図には見覚えがないでしょうか？　そう、幕末の尊皇攘夷と同じ構造です。

これまでみてきたように、明治、大正、昭和にかけて、日本でも議会を軸とする民主的な体制づくりは少しずつ進められてきました。しかし、より一層の動員を可能とする民主化を実現するには、天皇中心で始まった明治以来の体制、ことに明治憲法が強い枷《かせ》となってしまう。天皇の政府、天皇の議会、天皇の軍隊ではなく国民の政府・議会・軍隊に変えていくには、やはりもう一度革命を起こさないと無理だったのではないでしょうか。結局、一九四五（昭和二十）年になっても、日本は「天皇陛下万歳」しか、玉砕《ぎょくさい》のためのロジックを持つことができなかったのです。

国民は抽象的な「機関としての天皇」のためには死ねません。人格として国民の死を引き受ける天皇をどうしても必要としたのです。

今回の講義の最後に、美濃部の天皇機関説が追われた後、もともと異端的であると思われながら改めて注目された筧克彦《かけいかつひこ》の憲法思想、天皇思想のことに少しふれておきたいと思います。筧と美濃部はほぼ同世代ですが、筧の天皇論はきわめて独特でした。天皇主権説ではあるのですが、穂積八束や上杉慎吉とは別系統の、いわば神道的な主権説なのです。

筧は東京帝大の教壇で必ず祝詞《のりと》を挙げてから授業を行っていたというエピソードの持ち主ですが、「神《かん》ながらの道」を掲げ、国民は天皇の表現であると唱えます。天皇には無限の可能性があって、それがひとりひとりの国民として表象されている、天皇の無限性が国民個々に表現されている、天皇は国民の象徴ではなく国民は天皇の表現であるという議論なのですね。私は、戦後憲法は筧憲法学の転倒と見ることができるとも思うのですが、とにかく筧によれば、国家・天皇・臣民はひとつのものであって、しかも国民が多様であればあるほど天皇の豊かさも証明されるという、古代的なのか超近代的なのかよく分からない強烈なお話になっている。ちなみに、この筧を熱烈に支持して、進講者として傍に招いてもいたのが、昭和天皇の母である貞明皇后でした。

この筧の天皇論には、キリスト教に学び、一神教的な皇国像を提示した平田篤胤《あつたね》の国学の影響も感じられます。筧の著書を読むと、国家とか天皇とかを同心円状に示したカラフルな図を駆使して、その世界観が表現されています。これも独特の図を多用する平田神学に似ている。

機関説事件以後は、この筧が最も権威のある憲法学者ということになります。すると、それこそ高等文官試験を受けようとなると、筧憲法学を一生懸命勉強するわけです。しかし、天皇は神であり、国民はその表現だといわれても、それが実際にどのような政治になるのか、さっぱりわからない。ただ何となく神がかったムードだけがある。結局、美濃部機関説を排した後の天皇の解釈は、政治的な実体を欠いた美学に行き着いてしまったともいえるでしょう。でもというか、だからこそというか、筧憲法学はやっぱり面白いのです。

第七回　平泉澄

中世史のホープから皇国史観の旗手へ

　昭和前期、前回述べた天皇機関説排撃と前後して、歴史学の世界でも天皇中心主義があらためて強調されるようになります。そうした「皇国史観」の代表的な論者となったのが、今回の主人公、平泉澄《きよし》です。皇国史観といえば平泉、平泉といえば皇国史観というほど、このテーマを取り上げるうえで欠かせない人物ですが、まずは簡単なプロフィールから紹介していきましょう。

　一八九五（明治二十八）年、福井県の平泉寺《へいせんじ》白山神社の神官の長男として生まれた平泉澄は、金沢の第四高等学校を経て、東京帝国大学文科大学に進み、国史学科に入ります。新入生時から秀才としてならした平泉は、首席で卒業し、大正天皇から銀時計を賜ります。一九二六（大正十五）年に同大の助教授となり、一九三〇（昭和五）年三月から一年三ヵ月、在外研究員としてヨーロッパに渡ります。当時すでに中世史研究のホープとして期待されていた平泉でしたが、ヨーロッパでの研究テーマは意外にもフランス革命。さらに帰国した平泉は国粋主義的な傾向が強くなっていて、国史学科の人々を驚かせます。

そして平泉にとって重要だったのは、一九三二（昭和七）年十二月に行った昭和天皇への御進講でした。これについては、のちに詳しく述べるとしましょう。この前後から、平泉は皇族や軍部などとの交流を深め、その活動は歴史学者という枠を越えて、政治的な色彩を強めていきます。終戦時に陸軍内でクーデターを企てた宮城《きゅうじょう》事件の首謀者たちも、平泉の教え子でした。敗戦後の一九四五年八月十七日には、東京帝国大学教授を辞職。郷里の白山神社に戻り、宮司となる一方、数多くの執筆や講演を行い、一九八四（昭和五十九）年にこの世を去ります。

このように歴史家であるとともに、戦前、戦中期の政治に深く関与したという点でも、平泉は見過ごすことのできない存在なのです。

アジール排除こそ日本史の発展？

歴史家であり、国家主義者としての平泉の思想をみていくうえで、まず押さえておきたいのは、彼が神官の家に生まれ育ったということです。そこで興味深いのは、平泉寺白山神社は、その名のとおり、もともとは天台宗のお寺だったことです。日本の寺社では神仏習合が一般的でしたが、明治のはじめの神仏分離令によって、寺のほうは廃され、神社として再出発したのが、平泉の実家だったわけです。

もちろん平泉が生まれたのは廃仏毀釈以後のことです。この点が重要なのは、平泉の学説においては、日本古来のあり方を歪めた〝外来思想〟として、いわば悪役とされているのが仏教だからです。

歴史学者の斉藤孝（教育学者の齋藤孝ではなく）や網野善彦が戦後改めて、その分野の、日本における先駆的研究として注目した、平泉のアジール論をみてみましょう。アジールとは「聖域」「無縁所」などとも訳されますが、時の統治権力が及ばない場所、治外法権が成立しているところを指します。

平泉は一九二三（大正十二）年、二十八歳のときに発表した「中世に於ける社寺と社会との関係」において、日本のアジール論の先鞭をつけたのです。

平泉が注目したのは、中世における社寺がさまざまな形で有していた特権でした。たとえば犯罪者であっても寺社の領地に逃げ込んでしまうと、朝廷などの中央権力であっても、踏み込んで逮捕することはできない。また寺や神社の門前に市をつくるのも、そうした特権のひとつとされていました。

これは上代（古代）の日本にはほとんど見られないものだった、と平泉は論じます。古代の日本はまさに公地公民、くまなく天皇の威光が及んでいたのに、やがて、天皇も手が出せない、宗教勢力による治外法権の土地、アジールがたくさん生じるようになった、これが中世である――というのが、平泉のアジール論です。

私たちがアジール論として思い浮かべるのは、なんといっても網野善彦の著書『無縁《むえん》・公界《くがい》・楽《らく》』でしょう。この本で網野は、平泉の研究を下敷きにしながら、専制的・封建的な世界において、そうした支配に抵抗し、自由を享受していた地域としてアジールを描いていきました。日本の中世にも、多様で自由な生き方があったのだ、といういわゆる網野史観ですね。宮崎駿《はやお》のアニメ映画『もののけ姫』などをみると、網野のアジール論の影響が強く感じられます。

しかし、ここで重要なのは、平泉が、網野とはまったく逆に、このアジールを否定的に論じていたことです。

平泉にとって、歴史は単なる過去の記述ではありませんでした。イタリアの歴史家ベネデット・クローチェの歴史哲学「すべての歴史は現代史である」、すなわち、歴史というものは、現在起きていることと結びつけて考えなくてはならない、という考え方にも影響を受けていますが、日本本来のありかたとは何かを歴史のなかに探りつつ、それをいかにして現代に生かしていくかが大事だと考えたのです。

そうした観点から歴史をみた場合、平泉が理想としたのは天皇親政でした。天皇の支配がすべてを照らし、国が一体となっている状態が理想であって、古代にはそれが実現していた、と考える。すると、天皇権力を拒み、勝手に治外法権状態を作り出しているアジールは排除されるべき異物でしかない。しかも、それを生み出しているのは、仏教という外から来た思想なのだ、というわけです。

〝侵略者〟としての仏教

これをさらに進めて考えてみると、仏教は天皇とも融合してしまうわけですね。奈良時代には鎮護国家として国家権力に入り込むし、天皇家の子供たちは出家して、有力な寺院のトップにおさまってしまう。もっといえば、仏教の根底には現世否定、少なくとも現世を相対化してしまうものがある。仏教の中でも浄土教系の教えでいえば、大事なのは死後に行ける楽土であって、この世には価値がないわけです。こうした思想に、天皇に仕えるべき貴族たちもはまってしまう。そうなると、この世をきちんと治めることは二の次になるでしょう。穢土《えど》を頑張って治めてもしょうがないではないですか。

一方、仏教界の連中は、実はこの世でいい思いをするために、自分たちだけが特権を享受できる世界をつくって、富を独占したり、思い通りにならないと僧兵を繰り出して力ずくで言うことを聞かせたり、という状態になっていくわけですね。しかも寺同士で縄張り争い、利権争いを始めて、殺し合いまでしている。こんなアジールのどこが素晴らしいのか、ということになります。

仏教に厳しい平泉ですが、意外かもしれませんが、武士については高く評価するんですね。武士こそ朝廷から権力を奪った存在ではないのかと思えるのですが、貴族たちが仏教に深く結びついてしまったなか、寺社のアジールを破壊し、世の中にきちんとした秩序を与えようとした存在が武士だった、というのが平泉の認識なのです。

時代はずっと下りますが、織田信長の比叡山焼き討ちや一向宗との戦い、さらには楽市楽座なども、寺社の特権を剝奪するという意味で、アジールを解体する作業として位置づけることができる。徳川幕府に至っては寺請制度を確立し、仏教を完全に抑え込むことに成功します。こうして武家政権によって、徐々にアジールは減っていった。それが明治の天皇親政を準備していったのだ、という形で現代に結びつく。つまり、平泉は、アジールが消滅していく過程として、日本史を描き出したのです。

こうして語ってくると、この論理展開、マルクス主義史学が唱える発展段階説に似ていないでしょうか。マルクス主義の唯物史観によると、歴史は封建制→資本制→共産制へと発展していく。その過程で、最終的には資本主義社会は打倒すべき敵だけれども、封建制を打破するうえでは必要なんだと評価するわけです。平泉の武士肯定の論理も、それに似ている。もちろん平泉にとってマルクス主義史学は相容れることのない敵なのですが。

「天皇の師」を目指して

もう一方で、平泉の思想的な柱となったのは儒学でした。それも江戸初期に、朱子学と神道を融合させた垂加《すいか》神道の主導者である山崎闇斎《あんさい》の影響を強く受けています。

闇斎は天照大神とその子孫である天皇への信仰を強く打ち出し、それを朱子学の上下関係の重視と結びつけます。もうひとつ特徴的なのは、易姓革命を否定したことです。「もしいま孔子や孟子が日本に攻めてきたら、天皇を守って孔子や孟子を捕虜にせよ。それが孔孟の教えだ」と弟子に説いたとされますが、君主には絶対に弓を引いてはならない、というのが闇斎の教えでした。

そこで興味深いのは、三種の神器をめぐる議論です。たとえば北畠親房の『神皇正統記』では、三種の神器のうち、一番重要なのは鏡です。鏡は〝私〟をもたず、すべてを照らしだす。それによって善悪は明らかになる。その正直なあり方が、君主に最も必要な徳なのだ、と説くのです。

これに対し、闇斎が提唱する垂加神道では、最も大事なものは玉なのです。これは世界が分化する前の大本《おおもと》は一つである、という朱子学の一元論が影響しています。これを日本神話に当てはめれば、イザナギ、イザナミへと分化していく前の、根源的な太極、一なる神がいたということになる。玉は、まだ世界が未分化な状態、そこからすべてが生まれ出るものの象徴なのです。

平泉の天皇論でも、天皇はすべての源となります。人々は天皇に忠誠を誓い、一元化した道徳律の中で、現世の秩序を保っていく。天皇の徳によって、一元的な秩序が貫徹し、アジールのように統制外のエリアは消滅する。それが平泉の描いたあるべき日本の姿なんですね。

後で詳しく述べますが、平泉は歴史の研究にとどまらず、現実の政治にも働きかけようとします。その行動原理の源にあったのは、やはり儒教の論理でしょう。では、政治哲学としての儒教の本質とは何かといえば、ずばり帝王教育です。君主に仕え、上に立つ者としてのあり方、国のあるべき姿を指導していく。つまり、王を絶対的な存在として確立させつつ、自分は王の師として、その上に立つことが儒学者の究極の目標なのです。そもそも孔子は王の師たることを目指して、延々とさすらい続けたわけです。孔子は多くの門弟を持ちますが、最終目的は王を自分の弟子にすることでした。それがかなった暁《あかつき》には、弟子たちに参謀や政策の実行部隊になってもらう。ある意味では、教育によるクーデターともいえるかもしれません。

これを平泉の側からいうと、明治維新で天皇を中心とする国家となり、ひとまずは、昭和天皇まで革命も起きず、天皇の徳も保たれているが、安心してはいけない。天皇が徳を失ったら、この秩序は崩壊する。そうならないように忠義の心をもって、下々が文字通り、身命を賭して、天皇を支え続けなくてはいけない、ということになります。

だからこそ、平泉にとって昭和天皇への御進講は決定的な意味を持ったのです。

失敗に終わった御進講

一九三二(昭和七)年十二月、平泉は昭和天皇の前で一時間余り「楠木正成の功績」について語りました。西園寺《さいおんじ》公望《きんもち》の秘書を務めた原田熊雄の『西園寺公と政局』は、昭和の政治を知るうえで欠かせない基本文献として知られますが、そこには御進講に臨席した湯浅倉平(後に宮内大臣、内大臣)の言葉として「後醍醐天皇を非常に礼讃して、いかにも現在の陛下に当てつけるような風な話し方であった」と記されています。平泉としては、天皇親政を実現した後醍醐天皇を称《たた》えることに対して、昭和天皇がどのように反応するかを見極め、「君臨すれども統治せず」の枠を踏み出し天皇親政への意識を注入できるか、という絶好の機会だったわけです。

しかし、天皇からの質問は、「後醍醐天皇の御英明なことも自分はよく知っておるけれども、当時後醍醐天皇のおとりになった処置について何か誤りはなかったか」というものでした。これは平泉にとって非常に厳しい一撃だったと思います。つまり、昭和天皇は、後醍醐天皇による建武の新政は、恩賞に不公平があったりして、うまくいかなかったではないか、それによって皇室は危機を迎えたのではないか、と言っている。これに対して、平泉がどう答えたかは記録に残っていません。

むしろ、この御進講は、平泉を「非常に極端な右の方」（湯浅の発言）として、昭和天皇の周辺に警戒されるだけに終わった感があります。平泉自身の回想には、「牧野伸顕内大臣や一木喜徳郎宮内大臣らを前に、共産主義や個人主義などを野放しにしておくと、憂国の士が暴走して、重臣たちを暗殺するかもしれないと直言したことがあったが、何の反応もなかった」という趣旨の記述がありますが、これではほとんど脅しているようなものです。

もしかすると昭和天皇への御進講が失敗することは、平泉にとっても半ば予期していた結果だったかもしれません。というのも、牧野や一木をはじめ、昭和天皇が最も信頼していた側近グループはまさに西洋近代流の自由主義、民主主義を当然の前提としてきた、いわば文明開化の申し子だったからです。そして、政界でそれを代表していたのが、伊藤博文の後を継いで立憲政友会の総裁として、二度も首相を務め、最後の元老となった西園寺公望でした。平泉にとって、この西園寺こそ日本を歪めている元凶ともいえる存在でした。

欧州留学の際、平泉が選んだ研究テーマがフランス革命だったことは、前にも触れました。しかし、これはフランス革命をお手本にしようというのではなく、逆にフランス革命がいかに愚かな誤りであったかという研究だったのです。国王を処刑してしまうような野蛮な革命がいかに国家に害悪をなしたか。それが平泉のテーマでした。

一方、西園寺はどうでしょう。一八七一年からおよそ十年にもわたってフランスに学び、後の首相クレマンソーや、日本にルソーを紹介し自由民権運動の理論的な柱となった中江兆民らと親しく交わります。パリ・コミューンのように急進的な社会運動には冷ややかでしたが、欧州流の議会主義を志向し、政党の代表もつとめ、外交政策ではつねに世界情勢を意識して、英米協調路線を取り続けます。

天皇親政を目指す平泉にとって、西園寺に代表される議会主義、自由主義、個人主義は、まさに中世における仏教と同じく、日本の歴史を誤らせる〝外来思想〟そのものだったのです。

そうした平泉的な視点からすると、昭和天皇はすでに悪しき西洋のイデオロギーに半ば汚染されてしまっている、と映ったのかもしれません。御進講の際の「いかにも現在の陛下に当てつけるような風な話し方であった」という態度にも、それがあらわれているのではないでしょうか。

秩父宮との深い関係

それでも平泉は諦めませんでした。皇族、政治家、そして軍部と積極的に交流を持ち、自分の思想を彼らに託そうとします。

実は昭和天皇への御進講の前から、平泉は昭和天皇の弟である秩父宮雍仁《やすひと》親王や高松宮宣仁《のぶひと》親王に接近していました。特に、秩父宮には一九三二（昭和七）年から翌年にかけて、「日本政治史」と題し、主に明治維新についての講義を行っています。秩父宮には、昭和六年末か七年の初めごろの話として、自身、天皇親政を昭和天皇に進言し、「憲法の停止も亦《また》止むを得ず」と論じて、「断じて不可なり」と却下されたというエピソードが伝わっていますが、これもあるいは平泉の影響があったのかもしれません。

最も有名なのは、一九三六（昭和十一）年、二・二六事件における平泉の動きでしょう。事件の翌朝、平泉は、青森県弘前で歩兵の大隊長を務めていた秩父宮のもとに電話をかけます。しかし、秩父宮はすでに東京に向かったあとでした。平泉は高松宮邸に行き、どのように解決すればよいかという私案を言づけます。そして、汽車で水上に向かうと、上京してくる秩父宮の列車に乗り込んで、二人で対応を話し合っているのです。

このとき平泉は「天皇は下々の強要に屈伏して、方針を変えてはならない」としながらも、「青年将校たちの精神を汲み、近衛文麿を中心とし、陸軍の荒木貞夫、海軍の末次信正を補佐として、革新を断行すべきだ」と提言したとされています。ここにあるように、近衛と陸軍の皇道派、海軍の艦隊派を結びつけ、天皇親政への道をつけようというのが、平泉の狙いでした。満州に赴いて、満州国皇帝溥儀《ふぎ》にも講義を行っていますし、東条英機内閣時には、皇族である東久邇宮稔彦王《ひがしくにのみやなるひこおう》を総理大臣に擁立すべく画策していたともいわれています。

名門貴族の出身である近衛は早くから将来を嘱望《しょくぼう》され、やはり公家出身の西園寺からも後継者的な存在として引き立てられます。しかし、近衛や、その盟友である木戸幸一たちは西園寺の政策、ことに英米協調路線には否定的でした。その点でも、近衛と平泉は共有するものがあったのでしょう。

さらに平泉は軍部との関係も深めていきました。陸軍の皇道派、海軍の艦隊派との関係が深かったことは、二・二六事件のときの事態収拾案にもあらわれていますが、特筆すべきは、陸海軍の教育機関にコミットしていくことです。陸軍士官学校や海軍機関学校などで講演を重ね、やがて平泉の私塾である青々塾にも若い将校たちが入門するようになります。

これはまさに儒教的な「上からの革命」を目指したものといえるでしょう。君主に近いエリート層のなかから、現在の体制を変えたいと考える支持者を作り出していく。それによって、天皇親政を実現させ、日本人の精神の統一がなされることに賭け続けたのです。

平泉が軍に与えた影響をうかがわせる一例が、人間魚雷「回天」です。「回天」を開発した黒木博司は機関学校で平泉に学び、その教えに深く傾倒した一人でした。平泉が戦後に著した『少年日本史』は、この「回天」の話で結ばれています。

「……之を創案し、之を指導したる黒木少佐その人は、弱冠二十四歳、満で云えば二十二歳、温厚にして紅顔、極めて純情の青年でありました。それが未曾有の兵器を作り、非常の作戦を考えたのは、只々忠君愛国の至誠、やむにやまれずして、敵を摧《くだ》こうとしたのに外《ほか》ならないのでした。しかも是れは、ひとり此の人に止まらず、当時の青少年皆そうでした」

そして、こう続きます。

「純情の青年に、愛国の至誠あらしめ、非常の秋《とき》に臨んで殉国の気概あらしめたものは、幼時に耳にした父祖の遺訓であり、少年にして学んだ日本の歴史であり、その歴史に基づいての明治天皇の御諭《おさと》し、即ち教育勅語に外ならなかったのでありました」

このように平泉史学において、歴史と天皇は特攻を支える論理に使われることとなっていったのです。

前衛党の論理

ここで注意したいのは、国民を一枚岩にすることを目指した平泉でしたが、直接、国民に広く呼びかけて、教化しようとは考えていなかったことです。あくまで重要なのは天皇であり、そこに影響を与えられる少数の人々でした。

平泉に関する有名なエピソードで、国史学科の学生が農民の歴史を研究したいといったところ、平泉は言下に「百姓に歴史がありますか」と答え、さらには「豚に歴史がありますか」と追い打ちをかけてきた、というものがあります。平泉にとって歴史とはあくまで英雄のものでした。歴史を変えるのはつねに少数者であり、民衆は、英雄の価値観を模倣《もほう》する存在に過ぎない——これが平泉の国民観の根底にあったといえる。

これはまさに前衛党の論理です。ロシア革命の過程で、一般民衆との連帯を強調したメンシェヴィキに対し、レーニン率いるボリシェヴィキは少数の前衛党による徹底した中央集権体制を主張しました。一九二〇年代の日本においては、山川均《ひとし》が唱えた、メンシェヴィキ的な「山川イズム」と、革命意識の高い少数精鋭が指導し、大衆にそのイデオロギーを注入していくという福本和夫の「福本イズム」との対立です。この争いは、本家ソ連同様、前衛党が指導する福本イズムの勝利に終わりました。

さきほどの発展段階説といい、前衛党による指導といい、平泉の議論が、反目しているはずの共産主義と似てくるのは実に興味深い現象です。

教え子たちの起こした終戦クーデター

そしていよいよ一九四五年八月、敗戦のときを迎えます。ここで先に触れたように、平泉の教え子たちが宮城事件を起こします。これは降伏を阻止しようとした陸軍将校たちが玉音放送を妨害し、皇居を占拠した事件です。結局、陸軍首脳部の支持を得ることができず、鎮圧されたのですが、失敗に終わった終戦クーデターともいえるでしょう。このとき首謀者であった竹下正彦、井田正孝、畑中健二はいずれも青々塾の門下生だったのです。

この事件の直前、竹下たちは幾度も平泉のもとを訪れ、相談を交わしています。竹下に阿南惟幾《あなみこれちか》陸相に会ってほしいと請われ、陸軍省にも赴いています。阿南との会見は実現しませんでした。

このとき、平泉が最終的に示した態度は「承詔必謹《しょうしょうひっきん》」でした。天皇の決断が下った以上、謹んでそれに従うという意味です。これは平泉が影響を受けた闇斎学派的な儒学イデオロギーをよくあらわしています。闇斎学派では、君主に異を唱えることは問題ありません。むしろ君主が誤った道に進みそうなとき、諫言《かんげん》をするのは臣下の務めといえる。しかし、反乱は認められない。あくまでも君主に忠誠を尽くすという根本教義と矛盾してしまうからです。

これと対照的だった思想家に、今泉定助がいます。今泉は東京大学古典講習科を卒業し、国学院などで教鞭を取った国学者であり、神道思想家でした。神宮奉斎会会長や日本大学の皇道学院院長なども務めています。今泉は、神の国である日本において、絶対の価値が永続することが重要であり、それに反するような行動を天皇がとったときには諫《いさ》めてもいいし、場合によっては反乱を起こしてもいい、と説いていました。今泉は終戦前の一九四四（昭和十九）年に他界していますが、その今泉の影響を受けていたのが、玉音放送後も戦争の継続を呼びかけ、六日間にわたって抵抗を続けた厚木航空隊事件を起こした、海軍の小園安名《こぞのやすな》大佐でした。

平泉と今泉の違いはどこから来るのか。それはやはり儒学と国学の違いでしょう。儒学における天皇と国民の関係はあくまでもタテです。天皇の命令であれば、下は従うほかありません。そうでなければ、天皇は滅びてしまうという緊張感がある。それに対して、国学が最終的によって立つのは、天皇と国民の間の歴史と伝統の共有です。だから、伝統を守るためには天皇が交代しても構わない。天皇と横並びのつもりで、天皇の言うことを聞かず、逆に改心させるくらいのつもりでちょうどいい。神の国はそんなことでは揺らがないという、ある意味では楽観的な思想なのです。

平泉は終戦から二日後の八月十七日、東京帝国大学に辞表を提出し、故郷の福井に帰っていきました。潔い態度ともいえますが、平泉という人はそんな一筋縄でいく人ではないでしょう。というのも、終戦に際して、皇統を維持するために、皇子・皇女を山中に隠すという計画が立てられていたからです。その計画の中心にいたのは海軍軍令部第一部長の富岡定俊でしたが、平泉は終戦前に、富岡の命を受けた海軍軍人と接触していることが分かっています。平泉が早々に福井に引き上げたのは、その準備のためだったかもしれません。まさに吉野に隠れた南朝そのものです。

私は、実は平泉にとって敗戦はそれほどのショックではなかったのではないかと考えています。平泉の後醍醐天皇を肯定する論理からすれば、敗れることは王の罪ではありません。問題はあくまでも徳を失うこと、大義名分をなくしてしまうことなのです。

その意味では、平泉にとっての最大の挫折は、一九四五年の敗戦ではなく、一九三二年の昭和天皇への御進講だったのかもしれません。

故郷に帰り、白山神社の宮司になったといっても、別に隠棲していたわけではありません。旺盛な執筆活動を行い、憲法改正論議が高まると、「マッカーサー憲法を破棄して、明治憲法を復活させるべき」といった論陣を張ってもいます。この簡単に負けを認めないしぶとさも、南朝精神というべきでしょうか。

歴史学者の伊藤隆は、一九七八（昭和五十三）年、白山神社の平泉のもとへインタビューに訪れた時の様子を『歴史と私』（中公新書）に書いています。

それによると、昭和天皇への御進講以降の話をする際に、平泉は「これから私が日本を指導した時代についてお話しします」と語り始め、聞き手の伊藤を「さすがにちょっと鼻白」ませます。さらに、「昭和九年に陸軍士官学校で講義をした時の話では、壇上で『陸軍よ、この刀のごとくにあれ』とすらりと日本刀を抜いた、という。その日本刀を、あらかじめ夫人に用意させておいて、実際に私たちの前で抜いてみせ」、カメラの前でポーズまでとったといいますから、伊藤が「私なんかはすっかりあきれてしまった」と嘆息するのも無理はありません。

しかし、平泉は東京大学の国史学科から来た研究者を相手に、調子の外れた老国粋主義者が大真面目にインタビューに応じているようにみせて、演技をして戯《たわむ》れていた、もっといえば、からかって遊んでいたのではないでしょうか。そこには王佐《おうさ》の夢破れた革命家の、ある種の抵抗が垣間見えるようにも思えるのです。

第八回　柳田国男と折口信夫

戦前天皇像の破綻

「皇国史観」というテーマで、民俗学者である柳田国男《やなぎたくにお》と折口信夫《おりくちしのぶ》が登場するのは意外かもしれません。しかし、彼らの天皇論は、戦前と戦後をまたぐ天皇のあり方を考えるうえで、非常に示唆に富んでいます。

敗戦によって、明治以来、矛盾を抱えながら展開してきた「天皇を中心とした国家体制」はいったん終焉を迎えます。ことに平泉的な意味での「皇国史観」は、占領軍によって厳しく排除される。敗戦、外国の軍隊による占領は、まさに日本にとって、そして天皇にとっても未曾有の危機にほかなりませんでした。

そうした戦前的な天皇中心体制、皇国史観とは違った角度から、民俗学は天皇を論じてきました。そこに、敗戦の危機を乗り越えるものが潜んでいたのではないか。今回は、そんな観点から民俗学の両巨頭をみていきたいと思います。

興味深いのは、柳田と折口は師弟の関係でありながら、その天皇像はまるで正反対といえるほど異なっていることです。

農政学者が描いた「稲作の司祭」

まずは柳田からみていきましょう。

柳田の天皇観を一言でまとめてしまえば、それは「天皇は稲作の司祭である」ということに尽きます。

私の考えでは、柳田民俗学の原点は農政にありました。一九〇〇（明治三十三）年、農商務省に入省することで、柳田のキャリアはスタートします。柳田の生きた時代は、明治から大正、昭和と時を経るごとに、日本が工業化し、市場経済が膨らみ、資本主義が浸透していった時代でした。それは同時に、巨大な経済の波動に、人々が翻弄される時代でもあったのです。柳田は、農政官僚として、不況に見舞われたり、戦争が起きたりといった激動のなかでも、日本人がなんとか生き延びられる最低限のスタビリティ（安定性）を探求したのです。

たとえば初期の柳田民俗学は、代表作とされる『遠野物語』（一九一〇年）をはじめ、山であったり、寒い土地であったり、生活が楽ではないエリアを集中的に扱っている印象があります。浪曼派の詩人でもあった柳田は、昔ながらの日向《ひゅうが》の山奥の猟師の暮らしや、あるいは古俗の多く残る陸奥《みちのく》の暮らしにロマンティックな憧れを抱いたのでしょうか。それだけではないでしょう。私は、農政家柳田による耐乏生活の研究だったと位置づけています。山村の暮らし方、伝承を集めることで、不作や不況といった苦境を、人々がいかにして耐え凌《しの》いできたのかといった知恵を集積しようとしたのです。

やがて柳田の関心は、日本人の食生活の基盤である稲作に向かいます。稲作を支える基盤が農村共同体であり、その生活のありかたが民俗であり、そこに生きる人たちが「常民」です。この「常民」の安定した生こそが、柳田の目指した研究目標でした。

柳田が天皇と稲作を結びつけて考える大きな契機となったのは、明治から大正への代替わりでした。

一九一五（大正四）年、当時、貴族院の書記官長を務めていた柳田は、大正天皇の即位式の大礼使事務官に任命されます。そして大嘗祭《だいじょうさい》にも奉仕することとなり、即位の儀礼に深くかかわりました。

そのときのことを「大礼の後」という文章に残していますが、そこで柳田は、大嘗祭は規模の差はあるけれども、我々が村で行っている、秋の実りを祝う祭りと著《いちじる》しく類似している、と結論づけているのです。そうなると、天皇は秋祭りを仕切っている神主、宮司と変わらないということになります。水戸学や平泉澄などの天皇観とは、ずいぶんアプローチが違うことはお分かりでしょう。

さらに柳田は「大嘗祭ニ関スル所感」という文章で、大嘗祭に際して天皇が行う物忌《ものい》みも、「村々の祭りの夜に氏子が家で朝を待っているのと同じだ」として、大嘗祭でも、国民も天皇とともに物忌みをするのが望ましいと述べています。

この柳田の見解は基本的には戦後も変わりません。一九六一（昭和三十六）年に最後の著作『海上の道』が発表されますが、そこに収められた「稲の産屋《うぶや》」（一九五三年発表）という文章でも「嘗《にえ》（引用者注・新嘗祭）に該当する稲収穫後の祭典が、尋常民庶《みんしょ》の間にも行われていたことは、これを疑わんとする者も無いだろう」とされているのです。

高天原は農村共同体だった？

ここからは私の解釈ですが、この柳田の議論には、日本神話の解釈が強く反映されているように思います。

『古事記』などでは、病気や災害も含め、下界で起きる「国つ罪」と、神々の住む高天原《たかまがはら》における罪である「天つ罪」が出てきます。「天つ罪」は犯すと高天原から追放されてしまうという重罪なのですが、それで挙げられているのが、畔《あぜ》を壊して田に張った水を流してしまう畔放《あはなち》、田に水を引く溝を埋めてしまう溝埋《みぞうめ》、すでに種を埋めたところに重ねて種まきしてしまう頻播《しきまき》、田畑の持ち主を示す杭をごまかす串刺《くしさし》といったように、ほとんどが農地のトラブルに関するものなのです。

つまり、神々の住まう古代の理想郷であるはずの高天原は、完全に農業中心の世界として描かれている。しかもこの高天原的な世界は、時間の感覚もないような、永久的に循環し、持続する世界です。春に種をまき、秋になったら収穫し、祭りを催して、柳田がいうところの「祖霊」から――天皇であれば皇祖皇宗から、新しいイネの命を授かる。そしてまた春に種をまき……というサイクルが延々と、何事もなく続いていく。そこは永久平和の世界でもあります。

この高天原的な世界こそ、柳田の思い描く始原的な天皇のあり方でした。それは「常民」の世界の原像とも重なります。つまり、稲作において、天皇も我々と同じく「常民」なのだ、というのが、柳田の天皇像だといっていい。柳田は自らの学問を「新国学」とも呼びましたが、天皇と民を同列的なヨコの関係で捉えるという点でも、まさに国学的発想といえるでしょう。

戦後皇室のバックボーンとして

産土《うぶすな》、祖霊、稲、農民——こうしたものを一体化し、永久平和の安定した世界像を提示する。それが柳田学のヴィジョンでした。そこで天皇は瑞穂《みずほ》の国の稲作＝農業の司祭として位置づけられます。そこで重要なのは、この柳田の天皇像が、戦後という新しい時代にもうまくマッチするものだったことです。

戦争に負けても、日本人が稲を育て、米を食べることは変わらない。統治権の総攬者でなくなっても、儒教的な徳によって絶対の正義を体現しなくても、国民と一緒になって、きちんとお祭りをして伝統と文化を守っていけば、それでいい。これは戦後の皇室像そのものではないでしょうか。

この「農業王としての天皇」という見方は、現代の私たちにとっても違和感のないものでしょう。今でも皇居の水田では毎年、天皇自ら田植えをしています。しかし、実は、皇居での稲作を始めたのは昭和天皇でした。一九二七（昭和二）年に、のちに侍従次長を務めた河井弥八の発案によって始められた、新しい伝統だったのです。

もちろん敗戦とは過酷なものです。いかに稲作を続けていても、天皇制がなくなってしまう可能性は十分ありましたし、日本が分断され、その姿を変えてしまうかもしれなかった。それに対し、柳田民俗学は、日本は変わらない、永続するのだという慰めをもたらす、重要なフィクションとしても機能したと思います。

私は、こうした柳田の天皇像を、戦後皇室の側でも積極的に受け入れたのではないかと考えています。たとえば昭和天皇の末の弟である三笠宮崇仁《たかひと》親王は戦後、東京大学で歴史学を学び、古代オリエントの専門家となりますが、この三笠宮と柳田は学問を通じた交流がありました。三笠宮は一九五一（昭和二十六）年七月、新嘗祭《にいなめさい》を研究する「にひなめ研究会」を結成しますが（この年の九月にサンフランシスコ講和条約締結）、柳田もその発足メンバーの一人だった。先にも出てきた「稲の産屋」もにひなめ研究会での発表をまとめたものでした。

晩年、病床にあった昭和天皇が、侍医に「長雨が続いているが、稲の方はどうか」と尋ねたという有名なエピソードがあります。まさに「稲作の司祭」にふさわしい。天皇の基盤を農業に見出した柳田学は、皇室にとっても戦後の再生を支える理論的な柱となったといえるのではないでしょうか。

農業に基盤を置くといっても、柳田は近代を否定しない。都会の暮らしのうちにも、農業のリズム、農村で培われた秩序感覚を見出す方向性も、柳田民俗学は備えています。農本主義者でも、橘孝三郎のように五・一五事件で変電所を攻撃させたりするような近代否定論者では、さすがに戦後社会に適応できません。もちろん柳田も、日本がどんどん工業化し、農業が脇役に追いやられていく趨勢《すうせい》を敏感に感じ取っていました。だからこそ、農業を強調し、自足し永続する共同体モデルを打ち出すことで、そうした流れに一定の歯止めをかけ、日本社会のスタビライザー（安定化装置）にしようとしたわけです。

しかも、日本一国で自足し、永遠に何も起こらない高天原的世界は、植民地を放棄し、軍隊を解散した戦後日本の平和主義路線にもかなっています。これまで再三論じてきたように、戦前戦中の天皇は戦争のための求心力の源でした。戦後、軍隊がなくなり、戦争もしないとされたなかで、平和主義のシンボルとして、天皇は再生したのです。

このように柳田民俗学の天皇像は、天皇像をリニューアルし、延命させることに成功したといえるでしょう。農あるかぎり、天皇は永続するのですから。

ダイナミックな「天皇霊」の世界

このように柳田が、永遠に循環する農業をベースとして、安定を象徴する「静」の天皇像を示したとすると、折口が提示したのはダイナミックで危機を内側にはらんでもいる「動」の天皇像でした。それがよくあらわれているのが、一九二八（昭和三）年に行った講演を論文化した「大嘗祭の本義」（以下「本義」）です。

折口が強調したのは「天皇霊」という概念でした。代替わりの際、新しい天皇に「天皇霊」がくっつく。憑《つ》く。それによって、天皇は受け継がれていく。「本義」では、「此（引用者注・天皇霊）は、天子様としての威力の根元の魂といふ事で、此魂を附けると、天子様としての威力が生ずる」と書かれています。逆にいえば、天皇霊がつかなければ、新しい天皇になれないという危険性も秘めている。

この発想には、フランスの文化人類学者、マルセル・モースの影響も大きかった。モースは主著『贈与論』（一九二五年）のなかで、太平洋のメラネシアに住む部族に伝わるマナという観念を紹介しています。そのマナとは神聖な力で、それがつくと、超人的な力を発揮する。マナは人にもつきますし、モノにもつきます。たとえばマナがついた剣は何でも切れるようになったりする。そして、このマナはひとつところに留まっておらず、移動します。マナが離れてしまえば力もなくなる。「本義」では天皇霊もこのマナだと、折口は説明します。

日本の古代の考へでは、或《ある》時期に、魂が人間の身体に、附着しに来る時があつた。（略）吾々の祖先の信仰から言ふと、人間の威力の根元は魂で、此《この》強い魂を附けると、人間は威力を生じ、精力を増すのである。此魂は、外から来るもので、西洋で謂《い》ふ処《ところ》のまなあである。此魂が来て附着する事を、日本ではふるといふ。

それにしても、モースの『贈与論』が刊行されてわずか三年後に、自分の理論に取り込んでいるのですから凄い。これは柳田もそうですが、民俗学がけっして国内で完結した、古物を扱うような学問ではなく、海外の最新理論にも目配りのきいた、アクチュアルなものだったことがわかります。

折口にとって、大事なものは外から来る。これが「まれびと」――めったにやって来ない稀な人――になります。

柳田と違って、単に内輪の祭りだけでは、共同体は永続しません。水がよどむように、力を失ってしまう。どこか遠くから神性を帯びた「まれびと」が来て活性化させてくれないと、共同体は滅びてしまう、というのが折口の「まれびと」論でした。この「まれびと」がマナであり、天皇霊なのです。

折口の理論でいえば、ほんとうは天皇自身が「まれびと」でなければなりません。しかし、「まれびと」は留まることなく漂流するはずですが、天皇は宮中に定在している。だから、漂泊する魂、天皇霊を取り込む、くっつけるための儀式が必要になるわけです。

さらに、この「まれびと」にはモデルがあります。それは「芸能の民」です。お祭りになると、いずこからともなくやって来て、村々を回り、御神楽《おかぐら》を見せたりして、またどこかへ去っていく。なかなかやって来ない稀な人たちがわざわざ訪れて、新たな力を吹き込んでくれる。だから大歓迎するのが日本の祭りであり、さまざまな儀礼の本質なのだ、というわけですね。

さらにいえば、折口の天皇論は演劇的でもあります。新しく天皇になる者は、天皇霊を自分のかぶっている布団に招き入れ、衣に天皇霊を付着させる、という演技を行う。儀式とは、霊を招き、くっつかせるパフォーマンスなのです。もともと折口の出発点は芸能の研究なんです。

民俗学的にいえば、柳田が「ケ」（日常）で、折口は「ハレ」（非日常）です。永遠に続く日常（まさに「常民」です）を重視する柳田と、「まれびと」の引き起こす非日常的な興奮なしには生きていけないとする折口。まさに好対照です。

「まれびと」理論と「商」の論理

柳田は「静」であり「ケ」、折口は「動」であり「ハレ」といいましたが、別の言葉でいえば、柳田が農業的、折口は商業的でもあります。

折口自身、大阪の商家の生まれですが、価値あるものが外から来る、ダイナミックに動き回る、外からパワーが入ってこないと共同体は立ち行かなくなる、という世界観は、ある意味で、資本主義的ともいえるでしょう。それこそモースの『贈与論』ではありませんが、財が交換され、移動し続けることによって、社会は成り立っている、というわけです。

もうひとつ、折口の特徴は「受動性」です。天皇霊もそうですが、向こう側からやって来るのをずっと待ち受けていて、受け取る。けっして自分から奪いにいくのではない。

それをあらわすキーワードのひとつが「みこともち」です。

「天子様も御言持《みこともち》である。即《すなわち》、神の詞《ことば》を伝達する、といふ意味である」(「本義」)とあるように、まず上から降ってきた言葉「みこと(命/御言)」を受け取る。そして、下に伝える。それが天皇の仕事なのです。天皇は神の言葉を充塡《じゅうてん》する器でもある。

ここでわかるのは、天皇霊が単なるエネルギーではない、ということです。言葉によってものごとの方向を決める、いわばベクトルを与える性格も持っている。天皇霊が持っているエネルギーとそのベクトルが、天皇に受肉化し、天皇の意志として顕《あらわ》れて、日本の進む道が決まっていくわけです。

これも折口自身を反映しているといえるでしょう。折口の学問や思想は、内面からアイデアが湧き上がってきて、理論を作り出していくというより、外部からの神がかったご宣託を待っているようなところがあります。だから、どうしても体系的な理論からはみ出してしまうもの、論証不能なものが出てくる。文学でいえば、散文ではなく、詩です。折口は歌人・釈迢空《しゃくちょうくう》としても高い評価を受けましたが、彼の本質は、言葉がふってくるのを待つ詩人だったのでしょう。おそらく「まれびと」や「天皇霊」、「みこともち」というような概念も、折口自身が考え出したというよりは、バーンと降りてきたもの、自らの内部に入ってきたものに近いはずです。

敗戦よりもショックだった人間宣言

では、折口は、敗戦をどのように受け止めたのでしょうか。折口が敗戦直後、「神　やぶれたまふ」を詠んでいます。

神こゝに　敗れたまひぬ―。
すさのをも　おほくにぬしも
青垣の内つ御庭《みにわ》の
　宮出でゝ　さすらひたまふ―。

から始まる長歌ですが、これを読むと折口が敗戦に打ちのめされているようにも思えます。しかし、果たしてそうでしょうか。これには三首の反歌がつけられていますが、その三首目を引用します。

信薄き人に向ひて　恥ぢずゐむ。敗れても
神はなほ　まつるべき

負けてもなお神を祀るべきだ。信仰の薄い人たちに恥じることは何もない、というわけです。この時点では、折口の信仰は揺らいでいません。

私は、折口にとって本当にショックだったのは、一九四六（昭和二十一）年一月一日に発された昭和天皇の「人間宣言」だったと思います。

朕と爾等《なんじら》国民との間の紐帯《ちゅうたい》は、終始相互の信頼と敬愛とに依《よ》りて結ばれ、単なる神話と伝説とに依りて生ぜるものに非《あら》ず。天皇を以《もっ》て現御神《あきつみかみ》とし、且《かつ》日本国民を以て他の民族に優越せる民族にして、延《ひい》て世界を支配すべき運命を有すとの架空なる観念に基くものにも非ず。（カタカナ表記をひらがなに改めた）

と、昭和天皇自身にその神性を否定され、「神話と伝説」も退けられてしまった。もう「天皇霊」の存在する余地はありません。折口の天皇像は拠るべきところを失ってしまったのです。この衝撃は、敗戦以上のものだったでしょう。敗けてもなお信じることはできる。しかし、神から信仰を否定されたら、いったいどうしたらよいのか。

それでも折口は承詔必謹の人でもありますから、天皇の言葉には従うのです。「天皇霊」の議論をばったり封じてしまいます。そこで神道と天皇を切り離して、神道を世界教にすると言い出すのです。

天皇御自ら神性を御否定になつたことは神道と宮廷との特別な関係を去るものであり、（略）神道が世界教としての発展の障碍《しょうがい》を去るものであることを、理会《りかい》されるであらう。

これは「民族教より人類教へ」と題された、神社本庁の創立一周年を記念する講演から引きました。神道を普通の宗教にしようという提言です。しかし、この折口の「転向」は、あくまでも天皇と神道の関係を維持しようとする神社本庁の主流派からも反発されます。

折口の煩悶《はんもん》は続きます。折口の家に住み込んでいた愛弟子の岡野弘彦が書いた『折口信夫の晩年』（中央公論社）には、折口が発作を起こし、顔面がこわばってしまう場面があります。

さらには、「先生は床の上で急に両手をばたばたさせて、変な声をあげられることがあった。びっくりしてとんでゆくと、『いまのは嘘や。おっさん（引用者注・岡野のこと）をびっくりさせたろうと思って、ジキルとハイドの真似してやったんや』といって、弱々しく笑っていられる。そんなことが何度かあった。これはもう、どうにもやり場のなくなった、心と体の鬱屈《うっくつ》を振り払うための、先生の、命ぎりぎりのユーモア、というような切迫感が」あったと記しています。

興味深いのは、天皇の人間宣言を受けて、「天皇から天照大神が立ち去り、自分に移った」と主張する者があらわれたことです。大横綱・双葉山や最強とうたわれた囲碁の呉清源が入信していたことでも知られる璽宇《じう》教の教祖、長岡良子《ながこ》は「神聖天皇」と名乗り、「霊寿《れいじゅ》」という新元号や紙幣、憲法までこしらえました。

いかにも戦後の混乱を象徴する事件ですが、よく考えてみると、璽宇教の論理は折口の天皇霊論そのものではないでしょうか。折口の理論を推し進めて過激化させると、天皇霊がついたら、誰でも天皇になれるという話になってしまう。そういう意味では、もともと折口の議論には、そうした危なさ、ラディカルさが内包されていたともいえるでしょう。

折口は敗北したのか？

こうしてみると、戦後の日本では、柳田的な「稲作の司祭」説が勝利し、折口の「天皇霊」説は無効になってしまったかのように思えます。しかし、本当にそう言い切れるのか。やや逆説を弄《ろう》するようで恐縮ですが、折口の天皇霊の議論は、戦後日本においても十分成立していたのではないでしょうか。

天皇霊は外からやって来ます。そして、エネルギーと進むべきベクトルを与えて、その結果、日本は活性化する。この「天皇霊」に「アメリカ」を代入するとどうなるか。「まれびと」マッカーサーが厚木に降り立ち、朝鮮戦争が日本経済に莫大な需要を与えます。日米同盟路線、経済成長というベクトルも与えられた。その結果が世界第二位にまで至った経済大国です。まさに折口の理論通りではありませんか。天皇霊ならぬアメリカ霊です。

そう唱えても、折口は喜ばないでしょうが。

やや議論が暴走してしまった気味はありますが、漂泊し続けることで世界を動かす力と財というモデルは、いまのグローバル経済にも重なります。折口学のダイナミズムはけっして色あせてはいません。

しかし、近年の日本をみるにつけ、その〝アメリカ霊〟すら離れつつあるように思えます。外から来るのはパンデミックや経済危機のような〝災いの神〟ばかりで、マナが回ってこなくなっている。

となると逆に、内向きに閉じた柳田モデルが再び復権するかもしれません。外で起きる怖いことは見ないようにして、日本人だけで閉じこもり、お米さえ食べていければ何とかなる、というようなムードが広まっていく。ベーシックインカムなども、こうした文脈で議論される可能性があるでしょう。しかし、忘れてはならないのは、柳田的な協調と平和の世界は、一方で窮乏を耐え忍ぶ貧困化受容路線でもあることです。

最後は与太話めいてしまいましたが、柳田と折口、対照的な二つの中心を持つことによって、民俗学は今なお検討に値する思想たりえているのかもしれません。

第九回　網野善彦

農の衰えと柳田天皇論の運命

前回は戦後日本に適合した天皇像として、柳田国男の「稲作の司祭」論を取り上げました。農業を軸にすれば、日本人が稲作を続ける限り天皇は安泰だ、ということになるのですが、ここにひとつの落とし穴がありました。日本人の紐帯としての機能を果たさなくなるまでに、コメや農業が衰えていってしまったらどうなるか？

柳田国男は一九六二（昭和三十七）年にこの世を去ります。一九六〇年代の段階では、日本の農業人口は千五百万人を超え、コメが農業生産のおよそ五割を占めていました。工業化がどんどん進んでいたとはいえ、まだまだ確固たる存在だったわけです。ところが現在では農業人口は二百万人を割り込み、コメの占める割合も二割にも届きません。農民＝常民、コメ作り＝日本の生きる道という図式は成り立たなくなっている。すると、戦後も皇室の延命を支えてきた「農の王」としての天皇像も説得力を失わざるを得ません。

私の考えでは、一九八〇年代に天皇像をリニューアルし、結果的に天皇の延命に貢献したのが、『無縁《むえん》・公界《くがい》・楽《らく》』や後醍醐天皇を扱った『異形の王権』などの著作で大きな影響を与えた歴史学者の網野善彦でした。それはおそらく網野の本意ではなかったでしょう。もともとマルクス主義史学から出発した網野は、のちに運動からは離れたものの、天皇制に対する問題意識を終生持ち続けていたからです。多くの読者にとっても、中世における民衆の自由を強調した「網野史学」が、皇国史観というテーマで取り上げられるのは意外かもしれません。

しかし非農業民に着目した網野は、商業や交通、芸能など彼らの活動が、天皇と深く結びついていたことを論じていきます。それは歴史における天皇のイメージを大きく刷新するものでもありました。ここでは網野の歴史学そのものというよりも、その天皇像を中心にみていきたいと思います。

「なぜ天皇は滅びなかったのか？」

網野の代表作『無縁・公界・楽』（一九七八年）は、ひとつのエピソードから始まります。網野が都立高校で歴史を教えていたとき、生徒からの質問で、うまく答えられず、その後も鮮明に覚えているものが二つある、と。そのひとつは「なぜ平安末期から鎌倉にかけてのみ、法然、親鸞、道元、日蓮といったすぐれた宗教家が生まれたのか」。そして、もうひとつが「時代を経るごとに天皇の力が弱くなり、滅びそうになったというけれど、なぜ天皇は滅びなかったのか」でした。網野はそれから今に至るまで、この問いが念頭から離れなかったと記しています。

なぜ天皇は滅びなかったのか。『無縁・公界・楽』は、その問いへの「現段階での拙《つたな》い答え」として書かれたと網野はいうのです。

では「無縁」とは何か？　それは文字通り「縁」が無い場所、すなわち俗権力が介入できない場所を指します。公界、楽は、この無縁と重なり合う概念です。寺院や堺などの都市、海や山や河川など誰のものでもない空間、道や橋、港なども無縁性が高い場所として挙げられていきます。

この無縁所は、俗権力が立ち入ることができず、税を免除され、暴力沙汰も禁じられます。そこに滞在する人々には、自由な通行が許され、それまでの主従関係や金銭などの貸し借りもリセットされる。しかも互いに平等。網野自身、「このすべての点がそのままに実現されたとすれば、これは驚くべき理想的な世界といわなくてはならない」と書きつけるほどのユートピアです。締め切りもなくなるのでしょうから、私などもすぐにも駆け込みたくなります。

この無縁の概念は、網野も認める通り、第七回の講義でお話しした平泉澄のアジール論と重なり合います。しかし、平泉はこのアジールを、天皇権力に従わない排除すべき異物として論じました。網野はそれを批判し、まったく正反対のアジール像を提示したわけです。

非農業民と天皇

さて、ここで気になるのが天皇です。無縁と天皇はどこで結びつくのでしょうか。

網野史学の一番のキモは何かといえば、非農業民への注目です。

網野は、これまでの日本史では「農業以外の生業に主として携わり、山野河海、市・津・泊、道などの場を生活の舞台としている人々、海民・山民をはじめ、商工民・芸能民等々」(『日本中世の非農業民と天皇』)のことがほとんど分析されてこなかったと指摘します。それに対して、網野はさまざまな資料から、商人、借上《かしあげ》といわれる金融業者、鍛冶、鋳物師《いもじ》、織手などの手工業者、医者、炭焼、牛飼、酒造、さらには芸能民、遊女、乞食に至るまでの非農業民の姿を浮かび上がらせていきました。そして、このような遍歴する職能民、芸能民は無縁所と切り離しがたい関係にある、と論じます。つまり、網野のいう「境界的な人びと」が行き交い、また集まる場所が「無縁所」であり、もっといえば、無縁の世界で暮らすには、何らかの芸能、職能が必要ともされました。そうした先に挙げた無縁の原理は、職能民、芸能民のあり方と深く関わっているのです。

さらに網野は、こうした職能民、芸能民は天皇と結びついていたと論じます。

非常に興味深いのは、こうした借上、商工民、芸能民、さらに海民、山民の一部が、この段階（引用者注・十一世紀以降）になると、しばしば神仏そのもの、あるいは、天皇に直属する形で姿を現わしてくることです。つまり、この人びとは聖別された集団として神仏に奉仕する神人《じにん》、寄人《よりうど》、天皇に贄《にえ》を献《ささ》げる贄人《にえびと》などの称号で呼ばれるようになっているのです。（『日本中世に何が起きたか』）

十二〜十三世紀になると、天皇に直属する職能民は供御人《くごにん》として組織化されるようにもなっていくのです。中世前期、「無縁の輩《ともがら》」などと呼ばれた遍歴する人々も「多くはそれぞれの『芸能』をもって、天皇・神仏に奉仕する人々」（『無縁・公界・楽』）だったわけです。

平泉は、上代（古代）においては、全ては天皇に属していたからアジールは存在しなかったと論じました。しかし、網野はむしろ、天皇権力こそがアジールの淵源であると考えるのです。

律令制度の根幹は公地公民です。この考え方に基づくと、すべての山野河海は天皇が支配していることになる。ここまでは平泉と同じです。

網野は、『日本中世の非農業民と天皇』（一九八四年）のなかで、「中世の天皇家の経済のなかで、供御人といわれた、おもに非農業的活動に従事する人々の果してきた役割の重要性」を述べ、供御人が与えられた自由通行、交易の特権について、次のような論理を展開します。

この社会の脈管組織、交通路に対する支配権を天皇は究極的に掌握していたことになるが、それはいかなる性格の権限だったのであろうか。

ここに想起されるのは、（略）山野河海に対する天皇の支配権であり、（略）この支配権の根源は著しく深い。それは恐らくは、共同体の自然的本源的権利を一身に体現した、いわば全共同体の首長としての天皇の「大地と海原」に対する支配権に淵源を持つ、と思われる。

しかし、その天皇の「大地と海原」に対する支配権は八世紀以降、次第に制約を受けるようになります。荘園の出現です。多くの土地は荘園として貴族や寺社などに切り取られ、残りは国の機関である国衙《こくが》の支配下におかれるようになる。そして残された天皇の特権が、供御人の自由通行権だったのではないか、と網野は論じます。無縁の原理の源は天皇だったのです。

こうした無縁の世界は時代が進むにつれて、もっといえば近世になるにつれて衰えていきます。しかし、網野は、戦国時代になっても、桑名の元供御人たちが天皇へのカキの貢納を続けていたこと、また戦国大名から税を免除されていた鋳物師が朝廷への公事《くじ》は納めていた例に着目します。そして「公界・無縁の場、あるいは人と、天皇との関わりが、このような形で、ほそぼそではあれ存続していることは、決して無視されてはならぬであろう」（『無縁・公界・楽』）と論じ、さらに『日本中世の非農業民と天皇』では、多くの非農業民はこの特権を媒介に天皇との結びつきを保ちつづけ、天皇家の経済は中世を通じてそれを重要な支柱としてきたのである。（略）近世においてもそのつながりは、ただ単に残映とだけはいいきれぬ現実的基礎をもちつづけていたのであり、天皇の権威、公家の経済は多少とも具体的な基盤をそこに見出しえている。

としています。つまり、「無縁」は死なず、天皇家を経済的にも支え続けてきた、というわけです。

このように、柳田が常民＝農民に基盤を置いた天皇像を提示したのに対し、網野は非農業民との結びつきで天皇像を描いたといえるでしょう。

農業を中心に考えると、どうしても鎌倉期以降は武士が天皇や貴族から土地の支配権を奪っていった、という話になります。しかし、非農業民や公有地で商売をする権利、さらには芸能などに着目すると、いちがいに天皇から武士へ権力が移っていったとはいえなくなるわけです。

網野の非農業民論はさらに広がりをみせます。「百姓＝農民」という理解は、「全く根拠のない思いこみの上につくり上げられた、架空の虚像である」（『日本中世に何が起きたか』）と激しく批判します。百姓は農業だけをやっていたのではない、山野河海からさまざまな財を手に入れ、それを加工し、運び、売り（商工業、陸海運業）、そこで得た貨幣収入を人に貸したりもする（金融業）。つまり圧倒的大多数だった百姓も、非農業民的な性格を色濃く持っていた。

こうなってくると、天皇が柳田的な「農の王」ではなくなったとしても、それがどうしたという気になってきませんか？　日本の歴史には、それよりも広大な非農業民的世界が広がっていて、そこに天皇も結びついているという話になる。しかも、それは商工民、すなわち現代において主役の座についた第二次産業、第三次産業につながっていくわけです。

網野は、そうした天皇と非農業民のコンビネーションをより強烈に描き出します。それが後醍醐天皇を取り上げた『異形の王権』（一九八六年）でした。

後醍醐天皇の「異形」

網野が描き出した後醍醐天皇はまさに異形の天皇でした。

「（引用者注・後醍醐の）天皇史上、例を見ない異様さは、現職の天皇でありながら、自ら法服を着けて、真言密教の祈禱を行った点にある」「後醍醐は自ら護摩《ごま》を焚いて、幕府調《ちよう》伏《ぶく》の法を行うという異例中の異例」の天皇であった（以下、この項の「」内の引用はすべて『異形の王権』より）。しかも、後醍醐が祈った対象は、男天・女天が抱擁しあい性の歓喜をあらわす大聖歓喜天《だいしようかんぎてん》だったのです。

さらに後醍醐のもとに蝟集《いしゆう》した人々もまさしく「異類」でした。側近である律宗の僧侶、文観《もんかん》は、もっぱら呪術を習い、荼吉尼《だきに》を祭り、破戒無慚《むざん》、武勇と兵具を好むとして、高野山の衆徒たちから糾弾を受けた人物でした。さらには後醍醐帝の内裏《だいり》は、「塵を捨て置き不浄を現す」、つまり天皇の居所にごみを捨て、汚しても平気でいるような、聖俗定かでない者ども、物売り、覆面の「異形の輩」が出入するという「自由狼藉ノ世界」だったのです。

後醍醐天皇が直面していたのは、まさに古代以来の天皇制の危機だったと網野は論じます。外からは、東国の鎌倉幕府からの圧迫です。東は幕府、西は朝廷という一応の棲み分けも、ことにモンゴル襲来以降、九州における幕府の統治権が強化され、外交権はもとより、西国の関所設定権――交通路の支配までも握られた状態になっていく。

それよりも深刻だったのが王朝内部の混乱と衰退でした。十二世紀から十三世紀に確立する家格の序列は、「動かし難い旧慣として貴族たちの活力を減退させ、公卿の合議体の機能を著《いちじる》しく低下」させます。さらに南北朝正閏問題の回でも触れましたが、大覚寺統と持明院統の両統迭立によって、「貴族・官人諸家の分裂・抗争も著しく」なっていく。

この危機にあって、後醍醐が目指したのは「新たな『直系』の創出、天皇専制体制の樹立」でした。そのために「密教の呪法、『異類』の律僧、『異形』の悪党・非人までを動員」したのです。「危機はそこまで深刻だったのであり、その（引用者注・天皇専制体制の）実現は尋常一様な手段では到底不可能であった」と網野は述べます。

その後醍醐が朝廷の政務を掌握するや、前例のない政策を次々と打ち出します。たとえば、京都内の神人（神社に仕える者）をすべて供御人化、すなわち天皇直属にしようとした神人公事停止令。京都内の土地から貴族・寺社が地子《じし》（地代）を徴収することを止めさせた洛中地子停止令。さらに京都の酒屋に対する課税強化も行っています。さらには関所停止令を発し、幕府から交通路の支配権を奪還しようともしています。

つまり「京都とそこに集中する商工民を天皇の完全な直轄下に置こうと試み」、さらには「神人の供御人化を全国に及ぼそうとした」わけです。後醍醐は無縁的な世界に君臨する天皇となろうとしていたといえるでしょう。

こうした後醍醐天皇の挑戦が短命で潰《つい》えたのは、前にも述べた通りです。網野は後醍醐の敗北を契機として、「古代以来、少くとも鎌倉期までの天皇に多少ともうかがわれた『聖なる存在』としての実質は南北朝動乱を通じてほとんど失われ、大きく変質したといってよかろう」と論じます。それによって、天皇と結びついていた大寺社の権威も低落し、さらには、天皇・神仏の権威のもとにあった供御人、神人、寄人、そして芸能民、遍歴する商工民なども、その聖性を奪われてしまう。それによって中世的世界＝無縁的世界は解体に向かっていくことになるのです。

ここで、また冒頭に示したテーマに戻ってきます。では、なぜ天皇は滅びなかったのか？


南北朝から戦国の動乱の中でなぜ天皇が消滅しなかったのか。これはなお未解決の問題といわざるをえないが、それがさきの権威の構造の転換の仕方に関わっていることは間違いなく、さらにまた後醍醐による「異形の王権」の出現と、その執念が南朝として、細々とではあれ存続しつづけたことに多少とも規定されていることは否定できない。室町幕府がついに南朝を打倒し切ることができず、北朝との合一という形で動乱を収拾せざるをえなかった事実を、われわれは直視する必要がある。室町期以降、天皇家が生きのびた直接の出発点がここにあるとすれば、そこに後醍醐の執念の作用を認めないわけにはいかないのである。(『異形の王権』)

後醍醐の「異形の王権」は「日本社会の深部に天皇を突き刺した」と述べる網野は「天皇をこの『暗部』と切り離すことはできないであろう。それは後醍醐という異常な天皇を持った、天皇家の歴史そのものが刻印した、天皇家の運命なのであり、それを『象徴』としていただくわれわれ日本人すべても、この問題から身をそらすわけには決していかないのである」と述べるのです。なんだか不吉な、呪いのようでもある結論ですね。

興味深いのが、この後醍醐天皇こそ、まさに平泉の皇国史観が最も重視した「中興の帝」であったことです。網野自身、そのことを明確に意識していました。しかし、網野の描いた後醍醐天皇は、必ずしも否定的とはみえません。むしろ、まさに深部に突き刺さる、暗い魅力をたたえているともいえるでしょう。この前後、南北朝期の婆娑羅《ばさら》は何物にもとらわれないアナーキーでゴージャスな生き方として、ファッション的にもてはやされることになりますが、網野の後醍醐論はそうしたものともシンクロして、かえって天皇のイメージに新たな命を吹き込むことになったのではないでしょうか。

高度資本主義社会のなかで

網野の提示した中世像は、「網野史観」という言葉も生まれるほど、広く受け入れられました。これは日本史研究者としてはかなり異例のことでしょう。

その魅力のひとつは、前にも触れましたが、民衆像のポジティブさにあったと思います。本当に無縁所が網野の描いたユートピアであったかどうかは疑問です。中世的な実力社会は、一方では力が支配する、弱者には生きづらい社会でもあった。「無縁」を謳歌《おうか》できるのは、芸能民など特殊な能力に恵まれた者だったのでは、とも考えられます。

たとえば歴史学者で網野の大学の先輩でもあった永原慶二も、非農業民に対し「本源的原始の自由」を見て取る網野の歴史観は「一種の空想的浪漫主義的歴史観の傾向をもっている」と批判してもいます（『20世紀日本の歴史学』）。

それでも網野の「無縁」が人々の心をとらえたのは、その開放性にあったといえるでしょう。その意味で、網野と近い世界観を描いてきたのが司馬遼太郎だったと思います。

司馬作品には、共同体的しがらみにとらわれず、自分の能力を支えに、自由に遍歴する主人公たちが数多く登場します。『竜馬がゆく』の坂本龍馬、淡路島に生まれ海に生きた商人を主人公にした『菜の花の沖』や、モンゴルの遊牧の民を描く『草原の記』、『国盗り物語』の斎藤道三も商人として京都と岐阜を行ったり来たりする存在です。『街道をゆく』は、司馬自身が漂泊している。宮崎駿監督も、アニメ映画『もののけ姫』（一九九七年）で網野史学の影響を受けたことを認めています。映画公開時には、網野との対談や座談会も行っていますが、やはり自分のヴァイタリティで世界を切り開く民衆が活躍する舞台として、網野的な世界に魅力を感じたのだと思います。

自由に移動し、自分の生き方を自分で決める。そして、そうした人々が、行く先々を活性化させていく。これは前回お話しした折口的な世界像とも重なります。そもそも芸能民に着目するという点でも、網野と折口の親和性は高いといえるでしょう。

もうひとつ、一九八〇年代から九〇年代に網野ブームが起きた背景には、当時の文化・経済状況もあったと思います。当時、よく言われていたのは、資本主義が新たな段階に入ったとする高度資本主義論でした。単にモノを作って売るだけではなく、そこに情報・文化の要素が加わってくる。モノを消費するだけではなくて、そこに付与されている記号、たとえば他人からオシャレに思われるとか、知的に見えるといった情報が消費の対象となっていく。その一例が、糸井重里のコピー「おいしい生活」に象徴される堤清二のセゾン文化でした。そうした遊戯性と消費と経済がミックスしたような状況と、「無縁」的世界のイメージが重なり合った。「東京は巨大なアジールだ！」みたいなノリですね。

おりしも時代はバブルになだれ込んでいきます。東京の地価がどんどん高騰するなかで、土地というものが記号化し、リアリティが希薄になっていく。地上げが進行し、あちこちに空き地ができる。この空き地は誰のものでもないようにみえる。そんななかで、網野の「無縁」は消費されていったともいえるでしょう。

さらに八〇年代の終わりには、網野は「無縁」は資本主義の原理でもあると言い出します。これは甥の中沢新一が煽《あお》った面もあるのですが、自由な売買、自由な交通を保障する「無縁」のネットワークによって、貨幣経済が広がっていったという構図を提示するのです。

おそらく網野自身は八〇年代のブルジョワジー的消費文化は気に入らなかったはずです。しかし、網野が肯定してきた「無縁の原理」が、みんなが好き勝手なことをして楽しんで、できれば税金も払いたくないというブルジョワ化した大衆社会の豊かさやノリにシンクロしてしまったわけです。

前に網野はマルクス主義史学から出発した、と述べました。その簡単ないきさつは網野自身が『歴史としての戦後史学』(二〇〇〇年)で回想していますが、それによると、マルクス主義史学に出会うとともに、熱心な学生運動の活動家でもあったと述べられています。東京大学に入学したのが一九四七年で、「学生運動に没頭しており、特に一九四八年には、民主主義学生同盟(略称「民学同」)という組織ができて、その組織部長兼副委員長をやらされていました」といいますから、立派な幹部だったわけです。

こうした活動について、後に網野は自己批判しています。

その頃の僕は観念的マルクス主義にイカれてましたからね。(引用者注・一九五〇年に日本常民文化)研究所にはいってからも三年間は、(同・マルクス主義が主流だった)「歴史学研究会」の運動ばかりやっていたわけですよ。(略)

あの頃の左翼運動はだんだん極左的になっていって、その極端な例は「山村工作隊」ですよ。山村を遅れた辺境だと捉えて、そこに武装闘争の根拠地をつくろうという毛沢東路線です。学生達は本気でリュックを担いで山村に入ったんです。実際、そこで命を落とした方もいます。僕は歴研の運動などを通して、その督戦隊みたいな役割をしていたことになります。だから僕は〝戦犯〟なんですよ。(『歴史としての戦後史学』)

網野は「一九五三年の夏頃に、自分自身の空虚さを思い知らされる経験をし」、運動から身を引いたと述べています。しかし、マルクスと決別したわけではありません。運動から退いたあと、網野がまずやったのは、マルクス・エンゲルス選集を一から読み返すことだったと語っています。

日本のマルクス主義史学にとって、天皇制は大きなテーマでした。特に有名なのは明治維新をどう捉えるかに関する講座派と労農派の論争です。

非常に単純化してお話ししますと、講座派は「二段階革命論」です。マルクス主義の理論では、封建的な社会がまずブルジョワによる民主主義革命によって打破される。これが第一段階。次に、ブルジョワ民主主義による政府を打破する社会主義革命がなされなくてはならない。これが第二段階です。

この考えでは、明治体制は、ブルジョワ民主主義体制ではなく、天皇による絶対主義体制として位置づけられます。これはソ連に本部を置くコミンテルンが打ち出した見解でもありました。だから、まず天皇制を打破するブルジョワ民主主義革命を起こす必要がある、というわけです。

これに対して、労農派は、明治維新をブルジョワ民主主義革命と捉えました。天皇はすでに政府のお飾り的な存在だと位置づけられるので、ただちに打倒するような重要性はない、というのが労農派の立場です。

天皇制は打倒すべきか否か。そもそも天皇制が続いてきたのは何故なのか。前に、網野が高校で歴史を教えていた時代のエピソードを紹介しましたが、「なぜ天皇は滅びなかったのか」という問いは、網野にとってそれだけ重いものだったのです。

二〇〇二年に刊行された対談集『「日本」をめぐって』には、「天皇の問題にしても七〇年代から八〇年代にかけては、なんでいつまでずるずるつづいたのだということに大げさにいうと、歯がみするような思いを持ったこともありました」という興味深い発言があります。つまり『無縁・公界・楽』や『異形の王権』を書いたころの網野は、天皇制が続いているのはおかしい、という問題意識を強く持っていたわけです。

しかし、その後、網野自身の天皇に対する姿勢も変わっていった。さきほどの「歯がみするような思いを持ったこともありました」という発言には、実は続きがあります。「なぜこの〝なにものか〟を突きぬけることができないのかといらいらしたこともありましたが、いまは〝たかが千三百年〟なのだと思っています」

長い人類史でみれば、天皇制が続いた千三百年などはほんの一部でしかない、ということでしょうか。

天皇制がこんなに続いてきたのはおかしい、何故だろうか、という問題意識で出発した網野が、その理由を求めて、無縁にたどり着き、非農業民の世界を発見する。それによって、農業のみならず、商工業、芸能にまで天皇と結びつく領域が広がっていく。さらに後醍醐天皇を論じることで、深層の闇の部分にも「網野の天皇」は根を下ろしていくのです。こうなるともはやゲームでいえば最強のラスボスです。つまり、網野は打倒しようとしている天皇を、どんどん拡大し、強くしてしまったことになります。

それと並行するように、国民の天皇への意識も変わっていきました。七〇年代、八〇年代前半にはいわゆるインテリ層では、天皇制を批判したり、皇室とは冷ややかに距離を置く態度はむしろ一般的にみられたものです。ＮＨＫが一九七三（昭和四十八）年から五年ごとに行っている「日本人の意識」調査においても、一九八八（昭和六十三）年までは、天皇への感情を問う項目に対して、トップが「特に何とも感じていない」。次に「尊敬」「好感」という順番でした。

それが一九九三（平成五）年の調査では、「好感」が最上位へと躍り出ます。そして二〇一八（平成三十）年の調査では「尊敬」が四一％にものぼり、トップとなったのです。天皇制打倒を唱える人たちなどは圧倒的に少数派となってしまった。こうした状況を前に、網野としても、もはや〝たかが千三百年〟とつぶやくほかなくなってしまったのかもしれません。

第十回　平成から令和へ

天皇の定義

近代日本はどのような天皇像を描いてきたのか。これは日本という国家のかたちを決めるうえで、また歴史を解釈し国民のアイデンティティを形成するうえで、決定的に重要な作業でした。というか、天皇像をどう定めるかは、日本が近代国家として成り立つか成り立たないかの瀬戸際、国民が出来るかできないかの際《きわ》の際であったのであって、天皇を効果的に運用できなければ、日本というまとまりはどこかで綻《ほころ》びていたのかもしれませんし、別の位相で語れば、何百万もの命を国家に捧げさせるような大戦争を遂行することも能《あた》わず、たとえば昭和十年代の戦争は昭和二十年を待たずして第一次世界大戦時のロシアやドイツのような内部崩壊を起こして終わっていたかもしれません。

本書では「皇国史観」というキーワードを軸として、江戸時代以来、日本というナショナルなまとまりを、天皇をどんなふうに絡めて、あるいは天皇をはっきり心棒にして、作り上げ鍛え上げようとしてきたかを見てきました。

そこでは天皇自身はいわば「定義される」存在でした。たとえば伊藤博文の明治憲法や美濃部達吉の天皇機関説などが与える「天皇の定義」に対して、それを受け取る立場だったわけです。それに対し、天皇自身による自己定義は、ほとんどありませんでした。その数少ない例外が、敗戦の翌年の元日に、昭和天皇が発した「新日本建設に関する詔書」、いわゆる「人間宣言」です。第八回の柳田・折口講義でも紹介しましたが、核心部分をあらためて。

朕は爾等《なんじら》国民と共に在り、常に利害を同じうし休戚《きゅうせき》（引用者注・喜びと悲しみ）を分《わか》たんと欲す。朕と爾等国民との間の紐帯は、終始相互の信頼と敬愛とに依《よ》りて結ばれ、単なる神話と伝説とに依りて生ぜるものに非《あら》ず。天皇を以て現御神《あきつみかみ》とし、且《かつ》日本国民を以て他の民族に優越せる民族にして、延《ひい》て世界を支配すべき運命を有すとの架空なる観念に基くものにも非ず。

天皇はいつも国民とともにあり、利害も苦楽も共有している。その国民との相互の信頼と敬愛が、天皇という存在の基盤なのだ、というわけです。この認識は、その後も、皇室の柱でありつづけています。

なぜここで「人間宣言」を引いたかと申しますと、平成から令和への代替わりに際し、あらためて天皇の側から「天皇の定義」が示された、と考えるからです。

それが二〇一六(平成二十八)年八月八日、天皇(いまの上皇)がビデオメッセージとして示した「象徴としてのお務めについての天皇陛下のおことば」(以下「おことば」)でした。この「おことば」は日本中に衝撃を与えましたが、本講義からみて、その衝撃は大きく二つありました。ひとつは天皇自らが「天皇とは何か」を国民に問うたこと。そして、もうひとつは、その内容が明治以来の天皇の枠組みを根本的に見直すものだったことです。

近代天皇制の枠組みが壊れるとき

「おことば」の内容については、これまでも様々に論議されてきました。ここでは、本講義で核心だと考える部分を、かいつまんで整理してみましょう。

まず天皇はご自身の年齢に言及し、「社会の高齢化が進む中、天皇もまた高齢となった場合、どのような在り方が望ましいか」を話したい、と切り出します。そして、「次第に進む身体の衰えを考慮する時、これまでのように、全身全霊をもって象徴の務めを果たしていくことが、難しくなるのではないかと案じています」と懸念を表明する。しかし、現行の制度では、「天皇が十分にその立場に求められる務めを果たせぬまま、生涯の終わりに至るまで天皇であり続けることに」なると訴えたのです。

この発言が大きな議論を引き起こし、今回にかぎり「生前退位」を認めるという「天皇の退位等に関する皇室典範特例法」（二〇一七〔平成二十九〕年六月公布。以下、退位特例法）が成立しました。

前にも述べましたが、もともと皇室典範は、明治憲法とセットで作られたもので、戦後、新たに制定されましたが、その根幹は変わりませんでした。すなわち「皇位継承は、天皇が亡くなったときに限られる」ことと、「皇位継承者は男系男子のみで、直系の長子が優先される」ことです。

明治憲法の設計者である伊藤博文が最も恐れたのは、皇位継承をめぐって天皇が政治問題を引き起こすことでした。実際、幕末の孝明天皇は、幕府の外交政策に抵抗して、何度か譲位の意向を示しています。そのたびに政局は混乱をきたしました。それが天皇を中心に据えた明治国家で起きてしまったら、完全に制御不能状態に陥る可能性がある。そう伊藤は危惧したのでしょう。

今回、平成から令和への代替わりで起きたのは、この皇位継承の二大原理のうちのひとつ「天皇は終生、天皇であって、退位することはできない」が破られるという事態でした。しかも、それが天皇自身の発言によって実現してしまったのです。さらに二〇一八（平成三十）年十二月、誕生日に際しての天皇の会見では、「来年春に私は譲位し、新しい時代が始まります」と、「譲位」という言葉が使われました。

平成の「天皇道」

これは近代日本がかつて経験したことがなかった大転換でした。しかし意外なほどに、異論や批判の声は高まりませんでした。皇室典範そのものの改正は行われず、退位特例法による一代限りの譲位となりましたが、譲位そのものはきわめてスムーズに行われたといえるでしょう。

その背景には、現在の上皇・上皇后に対する、国民の厚い支持があったから、というほかありません。

私自身、平成の天皇・皇后は非常に立派な仕事をされてきたと感じています。たとえば震災の地やかつての戦場などへの精力的な訪問に象徴されるように、まさに国民とともにあり、国民のために祈るという行いを実践し続けてきました。「おことば」において、天皇自身が、

我が国における多くの喜びの時、また悲しみの時を、人々と共に過ごして来ました。（略）時として人々の傍らに立ち、その声に耳を傾け、思いに寄り添うことも大切なことと考えて来ました。（略）日本の各地、とりわけ遠隔の地や島々への旅も、私は天皇の象徴的行為として、大切なものと感じて来ました。皇太子の時代も含め、これまで私が皇后と共に行《おこな》って来たほぼ全国に及ぶ旅は、国内のどこにおいても、その地域を愛し、その共同体を地道に支える市井《しせい》の人々のあることを私に認識させ、私がこの認識をもって、天皇として大切な、国民を思い、国民のために祈るという務めを、人々への深い信頼と敬愛をもってなし得たことは、幸せなことでした。

と総括した通りです。国民と対等に向き合いながら、信頼をはぐくみ、国民から敬愛されてきた。その人格は、祈りと、国民の間に分け入っていき、その声に耳を傾けるという

行動によって裏打ちされたものです。あちこちの土地をめぐりながら、現地の人々を励まし、戦いの犠牲となった魂を鎮めていったその姿は、まさに第八回でお話しした、折口的な天皇像を連想させます。

平成の天皇・皇后を見ていると、「私」がないと申しますか、天皇としての使命を全うするべく、頭の天辺から爪の先まで神経が張り詰めているような空気を感じたものでした。私はそれを「天皇道」と呼びたい。まさに「おことば」のとおり、「全身全霊をもって象徴の務めを果たして」こられた。天皇としての道を究めようと、求道者として精進を重ねてきたと思うのです。

平成の天皇道とは何かを一言でいうなら、戦後民主主義、人間天皇、象徴天皇を三位一体のものとして体現するということになるでしょう。この三者は、必ずしも整合性が取れるという保証はありません。そのきわどいバランスを、超人的な努力で完成させたのが、平成の天皇・皇后でした。

そうした道が選ばれた背景には、平成の天皇が生きた時代も影響しているでしょう。まず戦争体験です。一九三三(昭和八)年生まれのいまの上皇は、敗戦時には十一歳でした。大元一般の国民同様に、まったくの受け身のかたちで敗戦を体験したといえるでしょう。

帥でもあった父の昭和天皇との違いです。そしてクエーカー教徒のアメリカ人女性、ヴァイニング夫人が家庭教師だったことに象徴されるように、戦後民主主義とアメリカ流の近代合理主義を軸とする教育を受けます。まさに戦後日本の運命を体現するような存在でもあった。

人間天皇としては、民間から正田《しょうだ》美智子さんを妃に迎え、夫婦と子供たちによる戦後核家族的なファミリーを営み、戦後憲法の定める象徴天皇として即位した最初の天皇でもありました。

これは大変な選択でもあったと思います。天皇はただ存在するだけでは、「象徴の務め」を果たしえない。国民とともにある、国民のために祈るという行為＝パフォーマンスを完遂し、それによって人間としての存在感を示すことが、天皇の正統性を担保する。ここには、徳を示してこそ君主たりえるとする儒教的な使命感も感じられます。だからこそ、身体の衰えを感じ、これまでのような行動がとれなくなる前に天皇を退くことは、いまの上皇にとっては必然のことと思われたのでしょう。そして、多くの国民もそれを支持したわけです。

完成してしまった「戦後の天皇像」

しかし、ここにはある種の危うさが潜んでいることも指摘しなくてはなりません。ひとつは先にも触れたように、近代の天皇を支えてきた安定装置の一角が崩れてしまったことです。「天皇は自分の意志であっても、退位することはできない」という規定は、たしかに天皇を縛るものでもありますが、逆にいえば、「天皇は誰の意志によっても退位させられない」ということでもありました。天皇の地位を縛るとともに、安定させるものでもあったのです。なぜならば、天皇が誰かの意志でやめるということは、それが本人の意志であっても、他人の意志であっても、政治的にならざるを得ない。何かメッセージが入ってしまいます。今の政治に文句を言いたいとか、皇太子に早く後を継がせたいとか、天皇のありようについて社会的議論を喚起したいとか、とても生々しくなるのです。それは、天皇の存在感や人気や評判を強めることもあれば、弱めることもあるでしょう。いずれにせよ、派手に波風が立つ。ところが、崩御に限って天皇が代替わりするとなれば、それは生死の問題ですから、暗殺などということでもないかぎり、誰かの意図が介在するわけではない。政治というよりも、哀しみとか悼《いた》みとか、精神的で宗教的な経験として、崩御と代替わりはとらえられます。

さらに言えば、伊藤のつくった二つの規定、「天皇は自分の意志で退位できない」と「天皇は自分の後継者を指名できない」のうち、ひとつめが崩れたということは、二番目が崩れるということも起きうる気もいたしてまいります。

そこでクローズアップされるのは、現在も様々なかたちで論議されている「女性天皇」の問題でしょう。今の男系男子による継承を続けるならば、秋篠宮家に皇統は移り、秋篠宮、悠仁《ひさひと》親王と継がれていくことになります。一方、女性天皇容認となれば、今上《きんじょう》天皇直系の愛子内親王が即位する可能性も出てくる。そのときに、天皇自身の意向はどうなのか、という議論になってしまうと、非常に不安定な状況が生じる危険性もあるのです。

また天皇であることのハードルが上がってしまったともいえるでしょう。平成の天皇がなされた、尋常ではない努力がスタンダードとされてしまったら、後に続く世代は大変です。しかも、仮に平成と同じ活動を行ったとしても、国民から同じように信頼と敬意を得られるという保証はありません。なぜかといえば、時代背景が違うからです。先にも述べたように、平成の天皇には戦争という、まさに国民とともに耐え忍んだ危機の体験がありました。平成の天皇と国民との相互信頼のベースに、そうした共通体験があったとすると、その再現はなかなか難しい。

別の言い方をすれば、平成の天皇が、戦後日本の天皇のあり方を完成させてしまったともいえるでしょう。完成のあとを引き受けるのはつらい作業です。令和の皇室はしばらく模索が続くと思います。

令和の天皇像とは?

令和における国民と天皇の関係が、どのようなかたちになるのか。その答えはまだまだはっきりとした像は結んでいません。ただいくつかのヒントは見て取れます。それは即位のことばです。

天皇や皇太子などの発言は、基本的には前例踏襲です。それだけに、表現のわずかな差異のなかに、新しい天皇の姿勢を垣間見ることもできるのではないでしょうか。

二〇一九(令和元)年五月一日、今上天皇は「即位後朝見の儀の天皇陛下のおことば」のなかで、こう述べています。

皇位を継承するに当たり、上皇陛下のこれまでの歩みに深く思いを致し、また、歴代の天皇のなさりようを心にとどめ、自己の研鑽《けんさん》に励むとともに、常に国民を思い、国民に寄り添いながら、憲法にのっとり、日本国及び日本国民統合の象徴としての責務を果たすことを誓い、国民の幸せと国の一層の発展、そして世界の平和を切に希望します。

これを一九八九（平成元）年一月九日、同じく即位後朝見の儀での、いまの上皇のおことばの対応部分と比べてみます。

皇位を継承するに当たり、大行天皇の御遺徳に深く思いをいたし、いかなるときも国民とともにあることを念願された御心を心としつつ、皆さんとともに日本国憲法を守り、これに従って責務を果たすことを誓い、国運の一層の進展と世界の平和、人類福祉の増進を切に希望してやみません。

ほとんど対応しているのですが、令和のおことばには、参照すべき先例として「歴代の天皇のなさりよう」が加えられているのです。先代を踏襲・継承するだけではなく、広く日本の歴史の中からも範を求める――そう語っているように読める。

では、「歴代天皇」とは誰をイメージしているのでしょうか。「歴代」ですから、それこそ後醍醐天皇も含まれることになってしまいますが、私が想起したのは、二〇一七年、皇太子時代の誕生日の会見で、今上天皇が「後奈良天皇」に触れていたことです。

このとき、皇太子（今上天皇）は「天皇の務めとして、何よりもまず国民の安寧と幸せを祈ることを大切に考えて来ましたが、同時に事にあたっては、時として人々の傍らに立ち、その声に耳を傾け、思いに寄り添うことも大切なことと考えて来ました」と、生前退位の意向を表明した際の天皇の「おことば」を引用したうえで、こう続けています。

このような考えは、都を離れることがかなわなかった過去の天皇も同様に強くお持ちでいらっしゃったようです。

昨年の8月、私は、愛知県西尾市の岩瀬文庫を訪れた折に、戦国時代の16世紀中頃のことですが、洪水など天候不順による飢饉《ききん》や疫病の流行に心を痛められた後奈良天皇が、苦しむ人々のために、諸国の神社や寺に奉納するために自ら写経された宸翰般《しんかんはん》若心経《にゃしんぎょう》のうちの一巻を拝見する機会に恵まれました。（略）そのうちの一つの奥書には「私は民の父母として、徳を行き渡らせることができず、心を痛めている」旨の天皇の思いが記されておりました。

災害や疫病の流行に対して、般若心経を写経して奉納された例は、平安時代に疫病の大流行があった折の嵯峨天皇を始め、鎌倉時代の後嵯峨天皇、伏見天皇、南北朝時代の北朝の後光厳天皇、室町時代の後花園天皇、後土御門天皇、後柏原天皇、そして、今お話しした後奈良天皇などが挙げられます。

私自身、こうした先人のなさりようを心にとどめ、国民を思い、国民のために祈るとともに、両陛下がまさになさっておられるように、国民に常に寄り添い、人々と共に喜び、共に悲しむ、ということを続けていきたいと思います。

私が、この後奈良天皇の宸翰を拝見したのは、8月8日に天皇陛下のおことばを伺う前日でした。時代は異なりますが、図らずも、2日続けて、天皇陛下のお気持ちに触れることができたことに深い感慨を覚えます。

この誕生日会見での発言が、即位の際の「歴代の天皇のなさりよう」とつながっていることがうかがえるでしょう。まことに興味深いのは、この発言が、平成の天皇が行ってきた被災地への訪問と並立的に置かれていることです。「両陛下がまさになさっておられるように、国民に常に寄り添」うのも大切なことだが、「都を離れることがかなわなかった過去の天皇」のなさりようも、国民を思うやり方のひとつだ、と語っている。その意味では、平成の天皇・皇后が行ってきた「国民に常に寄り添う」パフォーマンスを、より持続可能な文脈に置き直そうとしている、と読むことも可能だと思います。この後奈良天皇の文書を見たのが「おことば」の前日だったというのも、鮮やかな対照を感じさせます。

もうひとつ、本講義の観点から見逃せないのが、憲法をめぐる語法です。平成の代替わりでは「皆さんとともに日本国憲法を守り」。令和では「憲法にのっとり」。些細な違いと映るかもしれませんが、平成の天皇が、国民とともに守るべきものとして憲法にコミットしているのに対し、今上天皇は少し手続き論的に、天皇の存在は憲法に規定されているから「のっとり」でよい、と、より客観的に憲法と対しているようにも感じられます。

あえて対比するならば、平成の天皇が「全身全霊」で日本各地に赴き、国民の近くに寄り添い続けようとした折口的天皇像を求めていたとすれば、令和の天皇像は、長い伝統にベースを置く、より持続可能な柳田的天皇像、システムを重視するという点では機関説的な天皇像に近づいていくのかもしれません。

いずれにしても、平成の天皇が、近代皇室の枠組みを結果的に破ることになってでも、「おことば」で訴えようとしたのは、単なる個人の体調の問題などではなく、天皇の存続そのものにもつながる切迫した危機意識だった、と私は考えます。その切迫感は、「おことば」のはしばしに顕《あら》われています。

即位以来、私は国事行為を行うと共に、日本国憲法下で象徴と位置づけられた天皇の望ましい在り方を、日々模索しつつ過ごして来ました。伝統の継承者として、これを守り続ける責任に深く思いを致し、更に日々新たになる日本と世界の中にあって、日本の皇室が、いかに伝統を現代に生かし、いきいきとして社会に内在し、人々の期待に応えていくかを考えつつ、今日に至っています。

このたび我が国の長い天皇の歴史を改めて振り返りつつ、これからも皇室がどのような時にも国民と共にあり、相たずさえてこの国の未来を築いていけるよう、そして象徴天皇の務めが常に途切れることなく、安定的に続いていくことをひとえに念じ、ここに私の気持ちをお話しいたしました。

国民の理解を得られることを、切に願っています。

いかにして「いきいきとして社会に内在し、人々の期待に応えていくか」。ただ存在するだけではダメなのです。国民の期待に応えつづけなければ、「象徴天皇の務めが常に途切れることなく、安定的に続いていくこと」はかなわない。この上皇の問いかけは極めて重いものがあります。代替わりすれば、自然と続いてゆくとか、皇位継承者さえ大勢居れば、今後も安心であるとか、天皇とはそんな甘いものではありません。特に幕末以来はずっとそうです。ギリギリのところでかろうじてこの国にかたちを付けてきたのです。この先もかたちを付けられるものは、やはり天皇しかないのではないでしょうか、この国の場合は。

言い方を変えれば、国にかたちを付けられなくなったら天皇は居なくてよいことにもなりうるでしょう。国のかたちを作るために新しく創作され続け、意味づけ直されてきたのが天皇なのです。天皇はずっといた。それは本当です。しかし、天皇がずっといるからこそ日本は続いてきたというのはどうでしょうか。これはかなり創作であり解釈でしょう。

しかもかなり近代の創作であり解釈でしょう。

天皇あってこそ、近代国家日本は続かせうるという「解釈」。それがまさに天皇の近代的意味の発見でした。徳川将軍はそんなことを思っていなかったでしょう。でも、旧憲法も新憲法も天皇に関する条文から始まっている。王政復古だから当然ですが、とはいえ王政が復古的なものだというのなら、近代西洋流の憲法なんて要らないのではないでしょうか。ところが天皇も憲法も必要だった。明治維新は文明開化であり、文明開化するエネルギーは一枚岩の国民が作られなければ出てこず、国民を作り上げるには、幕末の尊皇攘夷の延長線上に、素直に王政復古というかたちをとって、前面に天皇を押し出すしかなかった。それはいろいろなご意見はあると思いますが、やはり成功したのでしょう。

そして、そのあとも今日まで結局ずっと皇国なのです。アメリカ合衆国のような独立宣言も、中華人民共和国のような党も、この国にはない。キリスト教やイスラム教のような超越的唯一神もいない。天皇しかいない。日本は相変わらず今日も皇国日本であり、そこには天皇の存在を歴史的に意味づける史観が不可欠です。

日本人が、天皇を必要とせずに、より効果的な国民のまとまりを作り出せるようにならぬ限り、日本は、天皇の居る国という意味で、皇国であり続け、天皇の居る意味や、その意味を持続させてゆくための仕掛けもまた、時代に合わせて考案されたり、前の仕掛けが甦ったりしてゆくことでしょう。天皇は歴史性を存在の最大の根拠とするゆえに、天皇が意味を持って今日もあるということは、すなわちそこに何らかの皇国史観が生きていることになりましょう。もちろん、その史観も、たとえば南朝の忠臣列伝に涙する史観から、『万葉集』の時代の、民とともにあった古代天皇と、戦後国民とともにある人間天皇とを繋ぐ史観まで、多彩きわまるヴァリエーションを奏で続けていくことでしょう。かくして皇国を意味づけ納得させる史観は、今日も何らかの装いをとって息づいているでしょう。

皇国の滅ぶ日まで、私どもは私どもの皇国史観を探求し続けるのです。

片山杜秀（かたやま　もりひで）
思想史研究者、慶應義塾大学教授。1963年宮城県生まれ。慶應義塾大学大学院法学研究科後期博士課程単位取得退学。著書に『未完のファシズム』（司馬遼太郎賞）、『近代日本の右翼思想』、『ゴジラと日の丸』、『ベートーヴェンを聴けば世界史がわかる』など多数。

文春新書
1259

皇国史観《こうこくしかん》

2020年4月20日　第1刷発行

著　者　片山杜秀
発行者　大松芳男
発行所　株式会社 文藝春秋
〒102-8008　東京都千代田区紀尾井町3-23
電話（03）3265-1211（代表）

印刷所　大日本印刷
製本所　大口製本

定価はカバーに表示してあります。
万一、落丁・乱丁の場合は小社製作部宛お送り下さい。
送料小社負担でお取替え致します。

ISBN978-4-16-661259-8

文春新書好評既刊

半藤一利・保阪正康
昭和の名将と愚将
責任感、リーダーシップ、戦略の有無、知性、人望……昭和の代表的軍人22人を俎上に載せて、敗軍の将たちの人物にあえて評価を下す
618

半藤一利
日本型リーダーはなぜ失敗するのか
日本に真の指導者が育たないのは帝国陸海軍の参謀重視に遠因がある――戦争の生き証人達に取材してきた著者によるリーダー論の決定版
880

半藤一利・保阪正康・御厨　貴・磯田道史
「昭和天皇実録」の謎を解く
初めて明らかにされた幼少期、軍部への抵抗、開戦の決意、聖断、そして象徴としての戦後。1万2千頁の記録から浮かぶ昭和天皇像
1009

半藤一利・船橋洋一・出口治明・水野和夫・佐藤　優・保阪正康他
大人のための昭和史入門
覇権国の衰退、資本主義の暴走、中国との対決――昭和日本が直面した危機は再び繰り返さるるのか？　豪華19人が16のテーマを論ず
1038

半藤一利・佐藤　優
21世紀の戦争論
昭和史から考える
蘇る七三一部隊、あり得たかもしれない占領政策。八月十五日では終わらないあの戦争を昭和史とインテリジェンスの第一人者が語る
1072

文藝春秋刊